ふわふわ生地とパリッと生地の2つで始める

おうちパンはこれでいい

若山曜子

KADOKAWA

🕘 9 p.m.
夕食後に材料をざっと混ぜて冷蔵庫へ

🕖 7 a.m.
一晩冷やした生地を丸める、朝の楽しい時間

はじめに

焼きたてのパンがもたらす幸福感。それを実感したのは、留学のときでした。

早朝、隣のパンのクラスの生徒が学食用にパンを焼きます。先生がもらってくるのは、学食には並べられないちょっと不恰好なもの。カフェオレとともに、みんなでほおばる熱々のパンは香ばしく、私に幸せな一日の始まりを届けてくれました。
帰宅する頃、家の隣のパン屋さんには夕食用のバゲットが並びます。まだパチパチと音がしそうな、焼きたてのパンを抱えて階段を駆け上がり、温かい切り口にバターをのせて食べる。ワインにもぴたりと合う、毎日でも飽きない私の夕食でした。

どちらもすごくおいしいパンだったのかというと、そうでもなかったのかもしれません。
でも、焼きたてのパンの香ばしさ、柔らかな食感、それを口にした幸せな気持ちを今でもよく覚えています。

外出を控えていた何年か前の年始、おせちに飽きた頃、ふと焼きたてのパンが恋しくなり、昔作った「こねないパン」を焼いてみようと思い立ちました。うろ覚えのレシピをもとにいくつか文献にあたり、配合を決めて混ぜ、翌日、夕食の支度の合間に焼いてみたところ、できたのはびっくりするほどおいしいパリッとしたパン！　大きい1個を2人であっという間にペロリ。それ以来、焼きたてのパンが私の日常に戻ってきました。

あるとき編集者さんが「パン作りって、粉と水と塩という身近な材料でできるのに、すごく難しく感じる。ささっとパンが作れる本があればいいのに」とおっしゃいました。「家で作るパンは、普段着のおいしさでいい。日々のルーティンの中で、パンが作りたい」と。

8 a.m.
焼き上がったパンを取り出す時は自然と笑顔がこぼれます

9 a.m.
焼きたてパンがテーブルに並ぶ、幸せな一日の始まり

ああ、まさに私が作るパンだ。できればもう1種類、ふんわりとしたパンも作れるといいな。大好きなブリオッシュのような……。ただブリオッシュは大量のバターを練り込むのが大変だし、カロリーも気になる。もう少し軽いバターロールのようなパンはどうだろう？　柔らかく、優しい甘さで、バターの香りがする焼きたては、きっとおいしいはず……。
こうしてあれこれと試作をしてできたのが、こちらもこねない、ふわふわパンです。

夕食後、ささっと、ボウルに材料を計量して、ざっと混ぜる。
お風呂に入ったりテレビを見たり、もしくはキッチンを片付けている間、室内におきっぱなし。
寝る前に冷蔵庫へ入れる。このあたりはパリッとしたパンと同じ。

一晩冷やした生地はバターが入っているおかげでかたくなり、扱いやすいのが特徴です。ちぎってちょっと力を入れて丸める（この作業がやや手間かもしれませんが、私はいかにもパンを作っている気分になり、生地の触り心地もよくて好きなのです）。
あとは家の雑用をしている間、室内で放置するか、オーブンで二次発酵。ふっくらしてきたら焼く。慣れてしまえば、お米を研いで炊くのと同じくらい気楽に作れます。
焼いている時にキッチンに満たされる香りといったら。

「パンさえあれば、たいていの悲しみは耐えられる」と書いたのはスペインの作家・セルバンテスですが、パンを焼くたびに「焼きたてのパンさえあれば、幸せな一日になる」と私は思うのです。

若山曜子

3

はじめに……2

2つの生地で作るふわふわパンとパリッとパン……6

初心者にも作りやすい おいしく焼ける簡単ポイント……8

1章 ふわふわパン

基本のふわふわパン……12
いろいろな型を使ったアレンジ……20

アップルブラウンシュガー……22

メープルモンキーブレッド……24

レモンシュガーバター……26

あんパン……28

クッキーパン……30

シナモンロール……32

バナナとピーナッツバター……34

ホットクロスバンズ……36

トロペジェンヌ……38

ソーセージパン……42

卵サラダパン……43

コーヒー黒糖……46

コーヒーマロンクリーム……47

ダブルチョコクランベリーブレッド……50

オレンジマーマレードブレッド……52

ココナッツマンゴー……54

マスカルポーネパン＆マスカルポーネロール……56

COLUMN
覚えておきたい

パンの保存法とリベイクのコツ……59

パンと合わせる
朝食……60

グレープフルーツとアボカドのサラダ
フリッタータ

パンと合わせる
ティータイム……62

いちごジャム赤ワイン風味
ミルククリーム

［この本のルール］
・小さじ1は5㎖、大さじ1は15㎖、ひとつまみは、親指、人さし指、中指の3本の指先でつまんだ量です。
・主な道具と材料は、p.110〜111の「基本の道具」「基本の材料」を確認してください。
・打ち粉や、カードや手につける粉、仕上げにふる粉は分量外です。レシピで使用する強力粉や準強力粉を使ってください。
・焼き時間や温度はガスオーブンを目安にしています。熱源や機種により性能に差があるため、お使いの機種に合わせて調整してください。
・オーブンの予熱は各レシピのよいタイミングで行なってください。
・加熱調理の火加減はガスコンロ使用を基準にしています。IH調理器具の場合は、調理器具の表示を参考にしてください。
・電子レンジは600Wのものを基準にしています。500Wなら1.2倍、700Wなら0.9倍の時間で加熱してください。
・野菜や果物は、特に表記していない場合は、皮をむいたり筋を取ったりしています。
・塩は天然の塩（ゲランドの塩・細粒）、オリーブオイルはエキストラバージンオリーブオイルを使用しています。
・バターは食塩不使用のものを使用しています。
・ふたつきボウルや保存容器は、よく洗って完全に乾かし、清潔にしてから使ってください。
・はちみつを使う、バナナとピーナッツバター（p.34）と全粒粉はちみつ（p.90）、生ハムと紫キャベツのラペ（p.105）は、1歳未満の乳児には食べさせないでください。

2章 パリッとパン

基本のパリッとパン ⋯⋯ 66
厚手の鍋で焼く場合 ⋯⋯ 73

クミンシードとごまとアーモンド ⋯⋯ 74
ディルとクリームチーズ ⋯⋯ 76
じゃがいもとベーコンと粒マスタード ⋯⋯ 78
玉ねぎと桜えび ⋯⋯ 80
れんこんとイタリアンパセリ ⋯⋯ 82
ドライフィグとブルーチーズ ⋯⋯ 84
枝豆とチェダーチーズ ⋯⋯ 86
青のりとしらす ⋯⋯ 88
全粒粉はちみつ ⋯⋯ 90
オートミールメープル ⋯⋯ 92
トマトとオリーブ ⋯⋯ 94
味噌マーブルくるみ ⋯⋯ 96

パンと合わせる
アペロ ⋯⋯ 98

わさびクリーム
フムス
コンビーフのペースト

パンと合わせる
夕食 ⋯⋯ 100

かぶのマリネ
鶏肉とマッシュルームのフリカッセ

おうちパンでタルティーヌ ⋯⋯ 102

スクランブルエッグ／アボカドとナッツ
カスクルート／サーモンとクリームチーズ
白身魚のマリネ／たことバジル
ローストビーフ／生ハムと紫キャベツのラペ

COLUMN
パンを最後まで
おいしく食べるアイディア ⋯⋯ 106

ふわふわパンを使ったドーナツ
パリッとパンを使ったパンツァネッラ

パン作りに関する Q&A ⋯⋯ 108
基本の道具 ⋯⋯ 110
基本の材料 ⋯⋯ 111

ブックデザイン	渡部浩美
撮影	福尾美雪
スタイリング	佐々木カナコ
調理アシスタント	小西邦重
	池田愛実
	栗田早苗
	菅田香澄
	岡島百合香
	藤本早苗
校正	根津桂子
	新居智子
編集	守屋かおる
	中野さなえ（KADOKAWA）
撮影協力	cotta
	https://www.cotta.jp
	UTUWA
	☎03-6447-0070

2つの生地で作る
ふわふわパンとパリッとパン

ふわふわパン

表面
溶き卵を表面に塗り、
つややかな焼き上がりに

断面
きめが細かく、
ふっくらとふくらむ

味の特徴

強力粉と薄力粉をブレンドし、バター、牛乳、卵などの
油脂分をたっぷり加えることで、ふわふわの食感が生ま
れます。ほんのり甘くて、柔らかな口当たりの生地は、
菓子パンはもちろん、ソーセージパンや卵サラダパンな
どの総菜パンにも向いています。

生地の特徴

冷蔵室でゆっくり発酵させるため、生地を作ってから8
時間後から24時間後の間は、いつでも一次発酵の生地
が使えます。焼きたいタイミングに合わせて、少量を焼
いたり、半量で別のパンを作ったりといった自由な使い
方も可能です。

アレンジは自由自在

ふわふわパンの生地は、程良い柔らかさ
で扱いやすく、生地で具材を包んだり、
生地に材料をプラスしたり、材料をおき
換えたりなど、アレンジ自在です。また、
型を使わない丸パンや、オーブンペーパ
ーで作る簡易的な型、パイ皿やバットな
どを使って焼くなど、いろいろ成形でき
ます。具材のアレンジや型の使用にルー
ルはなく、どんな組み合わせでも楽しめ
るから、作り慣れたら好みの具や形でオ
リジナルのパンが楽しめます。

バターや卵が入ったふわっとした食感が特徴のふわふわパンと
油脂が入らず、表面のパリッとした香ばしい焼き上がりが特徴のパリッとパン。
この 2 つの生地があれば、食事からおやつまであらゆるシーンで
焼きたてパンを楽しむことができます。

パリッとパン

表面
粉をふり、クープ（切り目）を入れて
パリッとした焼き上がりに

断面
大きな気泡がいくつも入り、
しっとりとして弾力もある

味の特徴

材料は、フランスパンでよく使用される準強力粉を使い、水と少量の砂糖、塩、インスタントドライイーストのみ。外側はパリッと、内側はしっとり、もちっと焼き上がり、どんな食事にも合う、さっぱりとした味わいです。

生地の特徴

ふわふわパンと同様に一次発酵は冷蔵室で。発酵を促す糖分や栄養になる材料をあまり加えていないため、ふわふわパンに比べて発酵には時間がかかります。生地を作ってから 10 時間後から 24 時間後の間は、いつでも一次発酵の生地が使えます。パリッとパンは半分に分けて焼くレシピも多く、半量は別のパンを焼くなどのアレンジも可能です。

アレンジのポイント

生地はふわふわパンに比べて水分が多く、手でまとめにくいため、成形は基本的にカードで丸形にして、オーブンペーパーの簡易的な型、または厚手の鍋に入れて焼きます。オーブンペーパーの型は鍋に比べて早く焼けるというメリットがあります。厚手の鍋は生地ののびが良く、高さが出て中はしっとり、表面はパリッと焼けるのが特徴です。どのパンもオーブンペーパーでも厚手の鍋でも焼けるので、いろいろ試してみてください（厚手の鍋で焼くレシピをオーブンペーパーの型で焼く場合は、半分にカットして丸め、2個に成形して焼いてください）。

初心者にも作りやすい
おいしく焼ける簡単ポイント

パン作りのハードルを上げているのが、
「作り始めると長い時間がかかること」「こねると粉が飛んで後始末が大変なこと」
「発酵の管理が難しいこと」「成形などテクニックが必要なこと」。
でも、ふわふわパンとパリッとパンはそんな心配はいりません。
初心者にも作りやすい工夫がいっぱいで、おうちでおいしいパンが焼けるようになります。

2つのパンの
作り方はほぼ同じ

パンの食感や味わいなど、焼き上がると完全にタイプが異なる「ふわふわパン」と「パリッとパン」。でもその作り方はほぼ同じで、どちらも右の6つの手順で焼きたてパンを作ることができます。
違いは、パリッとパンのほうが発酵に時間がかかることと、生地の柔らかさが違うので成形の仕方が違うこと、焼く温度が高いことです。

基本の手順

1 材料を計量する
2 ふたつきボウルに材料を混ぜる
3 一次発酵させる（室温＋冷蔵室）
4 基本は丸形に成形する
5 発酵機能つきのオーブンで
　二次発酵させる
6 焼き上げる

生地はこねずに
ふたつきボウルで混ぜるだけ

どちらの生地も、イーストをぬるま湯で溶かし、ふたつきボウル（または、保存容器）で粉と混ぜ合わせます。ゴムべらで粉けがなくなるまで混ぜたら、あとはふたをして冷蔵室におくだけ。こねる必要がないので手が汚れず、混ぜたボウルのままで一次発酵できるから、洗いものが少ないのもポイントです。
生地は室温においた後、冷蔵室で一次発酵させるため、ボウルはプラスチック製や耐熱ガラス製を使ってください（熱伝導のよいステンレス製やホーロー製は発酵の時間が変わるため注意）。

ふわふわ

パリッと

シンプルな成形

ふわふわ

パリッと

どちらの生地も成形の基本は丸形です。ふわふわパンの生地はややベタつくため、たっぷりと打ち粉をしながら手の平で台に押しつけながら表面に張りを持たせて丸めます。生地が多いと難しいので、分割して小さく丸めるのが失敗しないコツ。

それに比べてパリッとパンの生地はとっても柔らかいため、生地の四隅（角）をカードで下に押し込むように丸く形を整え、表面に張りを持たせて丸めるのがポイントです。どちらも特別なテクニックは必要なく、感覚をつかめば失敗もありません。

生地は冷蔵室で
24時間後まで保存できる

パン作りで大変なのは、待ち時間が長いこと。この本の生地は、冷蔵室でゆっくり発酵させるため、混ぜたらほったらかしにしてOKです。例えば前日に混ぜて冷蔵室に入れ、次の日に焼くだけなら、まとまった時間がとれなくても大丈夫。ふわふわパンの一次発酵の目安は8時間、パリッとパンは10時間なので、食べたい時間から逆算して生地の材料を混ぜておき、食べる前に焼けばよいのです。どちらの生地も20〜24時間以内なら冷蔵保存が可能です。

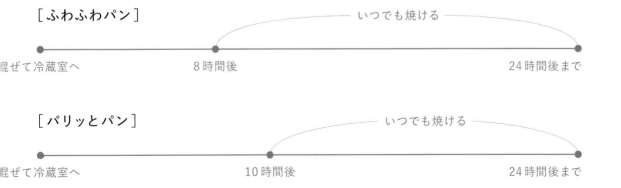

[ふわふわパン]
いつでも焼ける
混ぜて冷蔵室へ　　　　8時間後　　　　24時間後まで

[パリッとパン]
いつでも焼ける
混ぜて冷蔵室へ　　　　10時間後　　　　24時間後まで

1章
ふわふわパン

バターや牛乳、卵をたっぷりと使った、
ほんのり甘くてふわふわのパンです。
バターロールのように日常に寄り添ってくれて、
ブリオッシュのように風味豊か。
菓子パンから総菜パンまで、
どんな具材も受け止める万能タイプの生地は、
こねずに混ぜるだけなのに、成形もしやすく、
アレンジの幅が広がります。
小さく丸めて並べて焼いたちぎりパンに、
あんパン、シナモンロール、大きく焼いたトロペジェンヌなど、
味も形もバリエーション豊かで、
パン作りの楽しさを感じられるラインナップです。

基本のふわふわパン

材料を混ぜて、冷蔵室で一次発酵させます。9個に分割した生地を丸めて並べ、
オーブンペーパーの端をねじって作る簡易的な型で焼く、ちぎりパンにします。
基本のパンを作ったら、いろいろな型を使ったアレンジにも挑戦してください。

材料（作りやすい分量・約420g）

生地

薄力粉（ドルチェ）——105g

強力粉（カメリヤ）——105g

A ┌ 牛乳——75㎖（冬は90㎖）
　　　│ きび砂糖——30g
　　　│ バター——30g
　　　└ 塩——3g

溶き卵——35g
　　（全卵を溶いて量り、残りはつや出しに使用）

┌ ぬるま湯——30㎖
│ インスタントドライイースト
└ 　（サフ社の「赤」）——3g

下準備

・ぬるま湯にドライイーストを溶かし、
5〜10分おく。

道具

ふたつきボウル（または保存容器）
生地を混ぜ合わせて発酵させる。ここで
はプラスチック製ふたつきボウルを使用。
口径21㎝、高さ10.5㎝　容量1900㎖

カード
生地を分割したり、移動する時に使用。
使う時は粉（強力粉）をつけるとよい。

ゴムべら
材料を混ぜ合わせる時に使用。

オーブンペーパー
焼く時に生地をのせたり、折って端をね
じり、簡易的な型を作るのに使用。
幅30㎝のもの。長さ35〜40㎝を使用。

※他に直径10㎝以上の耐熱容器、泡立て
器、ラップ、刷毛など。

1 耐熱容器に**A**の材料を入れ、ラップをふんわりかけて電子レンジで50秒〜1分加熱して取り出す（バターは溶けきらない状態でOK。沸騰直前まで加熱しないように様子を見ながら温める）。ゴムべらでよく混ぜてバターを溶かす。溶き卵を加え、さらに混ぜる。
※加熱した**A**の温度が高いと卵に熱が通ってしまうため、少し冷まし、熱くないかを確認して加える。

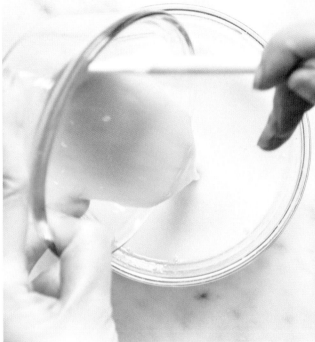

2 ふたつきボウル（または保存容器）に薄力粉と強力粉を入れて泡立て器で混ぜ、**1**と溶かしたドライイーストを加える。

ポイント
ぬるま湯にドライイーストを加え、ゴムべらでよく混ぜて5〜10分おいたものを加えること。ドライイーストの働きが活発になり、発酵しやすくなる。

3　粉けがなくなるまでゴムべらでよく混ぜる。
　※冬は牛乳を90㎖にして調整する。生地はかなりベタベタした状態でOK。

4　まとまったら、ふたをして室温に30分（冬は1時間）ほどおいてから、冷蔵室に8〜24
　時間おく（夏に冷蔵室に20〜24時間おく場合は、室温におかず、すぐに冷蔵室に入れる
　とよい）。

5 生地が２倍くらいにふくらんだら、一次発酵完了。
※２倍になっていなかったら、少し室温において待つ。

目安
指に粉をつけ、生地に刺して
抜き、穴が残ればOK。穴が縮
んでふさがる場合は発酵不足、
穴がしぼんでガスが抜けるな
ら過発酵のサイン（解決策は
P.108のQ&A参照）。

6 台と生地に打ち粉をし、カードに粉をつけて生地の周囲にぐるっと差し込み、ボウルを逆
さにして、生地を台にやさしく落とす。カードで９等分（１個約45g）に切り分ける。
※スケールを使って均等な重さになるよう計量しながら切り分けると、仕上がりがきれいに。

7 全体にたっぷり打ち粉をし、切り口を内側に入れるように生地をつまんで閉じる。閉じた面を下にして台におき、手の平で台に生地を押しつけ軽く潰すイメージで、力を入れながら転がして丸める。ベタつく場合は打ち粉を追加し、手にも随時粉をつけて丸める。力を入れて押しつけることで弾力が出てくる。

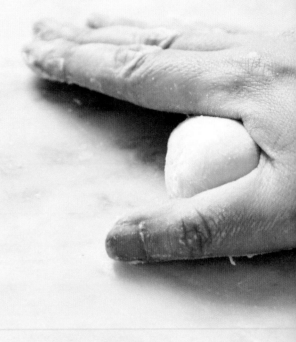

8 生地に張りが出て、表面がつるっときれいになったらOK。ベタベタするようなら再度打ち粉をして丸める、をくり返す。残りも同様にして丸める。

9 オーブンペーパーを35〜40cm長さに切り、台の上にのせる。成形した生地をカードにのせ、オーブンペーパーの中央に3列に並べる。

10 オーブンペーパーの4辺を外側に2cmほど折る。底面が約18×18cmになるように四隅をそれぞれ持ち上げてねじる。
※このあと二次発酵させてひと回り大きくなるので、余裕を持たせること。

11 天板にのせ、小さめの耐熱カップにぬるま湯を入れて2カ所におき、全体にラップをふんわりかける。オーブンの発酵機能を使い、35〜40℃で35〜40分発酵させる。
※バットを型にする場合は、コップ2杯分くらいの水を天板に直接入れるのでもよい。型を使わない場合は、ラップはせずに霧吹きで水をかける。

12 オーブンから天板ごと取り出す。生地がひと回り大きくなっていたら二次発酵完了。
※生地をバットに入れ、天板に直接水を張った場合は、水を捨てる。

13 オーブンを180℃に予熱する。生地の表面につや出し用溶き卵（生地作りで残った分）を刷毛で塗る。

14 オーブンで、全体に焼き色がつくまで20分焼いたらでき上がり。

いろいろな型を使ったアレンジ

生地が扱いやすいふわふわパンは、ちぎりパンにするだけでなく、
丸めて天板で焼くことも、家にある型を使って焼くこともできます。
生地と成形、型の組み合わせは自由なので、具材のアレンジに加えて
型もいろいろ使って、バリエーションを広げてください。

型を使わず
丸めて天板にのせる

型を使わず、天板にオーブンペーパー
を敷いて、生地を丸めて焼く場合は、
焼き上がりのパンがくっつかないよう
にひとつひとつの生地の間を2.5〜3
cmあけておきます。
具材を生地で包むあんパン（p.28）や、
クッキー生地をのせるクッキーパン
（p.30）などはこの形が向いています。
生地を大きく丸めて焼くマスカルポー
ネパン(p.56)やトロペジェンヌ(p.38)
も、天板にのせて焼きます。
焼き時間が短いのも特徴です。

〈クッキーパン〉

パイ皿・タルト型

ちぎりパンを円形に焼きたい時に便利
なのが、直径18cmのパイ皿やタルト型。
型にバターを塗り、周囲から順に生地
を並べて、中央の生地を最後に入れる
のが上手に並べるコツです。小さなパン
が、花びらのように並び、焼き上が
ったパンは手で簡単にはがせます。
アップルブラウンシュガー（p.22）や、
メープルモンキーブレッド(p.24)のよ
うに、生地のすき間に具材を入れるタ
イプに向いています。
焼き時間はオーブンペーパーの型に比
べ、少し長めになります。

〈アップルブラウンシュガー〉

マフィン型

分割した生地のひとつひとつの形をキープしてくれるマフィン型。
コーヒーマロンクリーム(p.47)のように、中にクリームを絞るため、ある程度高さのある焼き上がりにしたい時に便利です。
また、生地を巻いて切り分けるシナモンロール(p.32)やマスカルポーネロール(p.56)も、マフィン型に入れることで、横に広がるのを防いで縦にふくらむため、巻いた部分がきれいに焼き上がります。

〈マスカルポーネロール〉

四角いバット

オーブンペーパーで作る型と同様、ちぎりパンを四角く並べるのにも便利です。オーブンペーパーの型に比べて周囲の部分がしっかりと生地をサポートするため、少し高さのある焼き上がりになり、焼き時間は少し長めです。
また、ダブルチョコクランベリーブレッド(p.50)のように棒状に成形した生地をバットに並べて焼くと、ユニークな棒パンのでき上がり。シロップをかけて焼くメープルモンキーブレッド(p.24)も、シロップが生地にしみ込むため、バットでも同様に焼けます。

〈ダブルチョコクランベリーブレッド〉

アップルブラウンシュガー

ところどころ残したりんごの赤い皮が、かわいいアクセントに。
りんごは生地と生地のすき間に入れるのがポイントです。

材料（直径18cmのパイ皿1台分）

9等分して丸めた基本のふわふわパンの生地
（p.12〜16の**8**まで行なったもの）
‥‥全量（約420g）

りんご（紅玉）‥‥1/2個（正味120g）
ブラウンシュガー（またはきび砂糖）
‥‥50g
バター‥‥20g

下準備
パイ皿にバター少々（分量外）を塗る。

1 9等分して丸めた基本のふわふわパンの生地を、パイ皿に周囲から順に7個、中央に2個を並べる（p.20写真下参照）。天板にのせ、耐熱カップにぬるま湯を入れて2カ所におき、全体にラップをふんわりかける。オーブンの発酵機能を使い、35〜40℃で35〜40分発酵させる。

2 オーブンから天板ごと取り出し、ひと回り大きくなっていたら二次発酵完了。オーブンを180℃に予熱する。

3 りんごは皮をところどころ残してむき、1.5cm角に切る。ボウルに入れ、生地にのせる直前にブラウンシュガーを加えてまぶす（**a**）。**2**の中央にたっぷりとりんごをのせ、ちぎったバターをのせながら、りんごを生地と生地のすき間に入れ、真ん中はりんごが生地になじむようにぎゅっと押し込む。生地の表面につや出し用溶き卵（生地作りで残った分）を刷毛で塗り、ボウルに残ったブラウンシュガーをかける。

4 予熱したオーブンで15分焼き、160〜170℃に下げて全体に焼き色がつくまでさらに15分焼く。

メープルモンキーブレッド

モンキーブレッドはアメリカで昔から愛されているちぎりパンです。
丸めた生地にたっぷり絡めたシロップがキャラメル状になって、背徳感のあるおいしさ。

材料（直径18cmのタルト型1台分）

9等分して丸めた基本のふわふわパンの生地
（p.12〜16の**8**まで行なったもの）
　——全量（約420g）

［シロップ］
| メープルシロップ——60g
| バター——60g
| ブラウンシュガー（またはきび砂糖）
| 　——大さじ2 1/2

くるみ（ロースト、食塩不使用）——30g

下準備
・タルト型に合わせてオーブンペーパーを切
　り、型に敷く。

1 シロップの材料を小鍋に入れ、中火にかけてブラウン
シュガーが溶けるまで1〜2分煮る。耐熱容器に移し
て冷ます。

2 9等分して丸めた基本のふわふわパンの生地を1個ず
つ**1**の容器に入れ、全体にシロップをからめ、タルト
型に周囲から順に7個、中央に2個並べる（**a**）。残
ったシロップは取りおく。

3 型ごと天板にのせ、耐熱カップにぬるま湯を入れて2
カ所におき、全体にラップをふんわりかける。オーブ
ンの発酵機能を使い、35〜40℃で35〜40分発酵さ
せる。

4 オーブンから天板ごと取り出し、ひと回り大きくなっ
ていたら二次発酵完了。オーブンを180℃に予熱する。
取りおいたシロップを上からかけて、くるみを粗く刻
んで生地に少し押し込むようにのせる（**b**）。

5 予熱したオーブンで20分焼き、160〜170℃に下げて
全体に焼き色がつくまでさらに10分焼く。

レモンシュガーバター

すりおろしたレモンの皮とグラニュー糖を混ぜたレモンシュガーがさわやか。
生地にフォカッチャのようなくぼみを作り、バターと一緒にたっぷりとふりかけます。

材料（直径約11cmの円形のもの7個分）

一次発酵させた基本のふわふわパンの生地
（p.12〜15の**5**まで行なったもの）
——全量（約420g）

［レモンシュガー］
レモンの皮のすりおろし —— 1個分
グラニュー糖 —— 70g

バター —— 50g

下準備

・天板にオーブンペーパーを敷く。

1 一次発酵させた基本のふわふわパンの生地と台に打ち粉をし、7等分（1個約60g）して丸める。手の平で押して直径8cmくらいの平らな円形にする。天板にひとつひとつの生地の間を2.5〜3cmあけてのせ、耐熱カップにぬるま湯を入れて2カ所におき、霧吹きで水をかける。オーブンの発酵機能を使い、35〜40℃で35〜40分発酵させる。

2 レモンの皮、グラニュー糖をよく混ぜ、レモンシュガーを作る（**a**）。

3 オーブンから天板ごと取り出し、ひと回り大きくなっていたら二次発酵完了。オーブンを180℃に予熱する。生地の表面を軽く押して潰し、指先に粉をつけて4〜5カ所くぼみを作る（**b**）。バターを1/7量ずつちぎりながらくぼみにのせ（**c**）、生地の表面につや出し用溶き卵（生地作りで残った分）を刷毛で塗り、**2**を1/7量ずつふる。

4 予熱したオーブンで、全体に焼き色がつくまで15分焼く。

あんパン

塩漬けの桜が見た目と味のよいアクセントになった上品なあんパンです。
市販のあんを使えば、家でも手軽に作ることができます。
中にいちごを入れたり、表面にごまをふるのもおすすめ。

材料（直径約10cmの丸形のもの7個分）

一次発酵させた基本のふわふわパンの生地
（p.12〜15の**5**まで行なったもの）
……全量（約420g）

こしあん（市販品）……210〜315g
桜の塩漬け（市販品）……7個

下準備
・天板にオーブンペーパーを敷く。

1 一次発酵させた基本のふわふわパンの生地と台に打ち粉をし、7等分（1個約60g）して丸め、手の平で押して平らな円形にする。中央をくぼませて、こしあん30〜45gずつをのせ（**a**）、生地をつまんであんを包んで閉じ（**b**）、閉じた面を下にして台に押しつけながら、少し力を入れて丸める（p.16の**7**参照）。

2 天板にひとつひとつの生地の間を2.5〜3cmあけてのせ、耐熱カップにぬるま湯を入れて2カ所におき、霧吹きで水をかける。オーブンの発酵機能を使い、35〜40℃で35〜40分発酵させる。

3 オーブンから天板ごと取り出し、ひと回り大きくなっていたら二次発酵完了。オーブンを180℃に予熱する。生地の表面につや出し用溶き卵（生地作りで残った分）を刷毛で塗り桜の塩漬けを1個ずつのせる（**c**）。

4 予熱したオーブンで、全体に焼き色がつくまで12〜15分焼く。

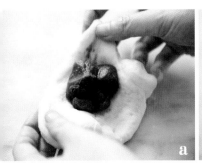

クッキーパン

表面にはクッキー生地、パンの中にはジャムが入ったおやつにぴったりのパン。
ジャムは好みのもので OK ですが、かためのタイプが包みやすくておすすめです。

材料（直径約10㎝の丸形のもの8個分）

一次発酵させた基本のふわふわパンの生地
（p.12〜15の**5**まで行なったもの）
⋯⋯全量（約420g）

［クッキー生地］

バター⋯⋯65g
グラニュー糖（またはきび砂糖）⋯⋯65g
溶き卵⋯⋯約65g
（卵1個に、パン生地で使用した溶き卵の
残り約15gを合わせる）
薄力粉⋯⋯65g

好みのジャム⋯⋯小さじ8

下準備

・クッキー生地のバターを室温に戻す。
・天板にオーブンペーパーを敷く。

1 一次発酵させた基本のふわふわパンの生地と台に打ち
粉をし、8等分（1個約50g）して丸め、手の平で押し
て平らな円形にする。中央をくぼませてジャム小さじ
1ずつをのせ（**a**）、生地をつまんでジャムを包んで閉
じ（**b**）、閉じた面を下にして台に押しつけながら、少
し力を入れて丸める（p.16の**7**参照）。

2 天板にひとつひとつの生地の間を2.5〜3㎝あけての
せ、耐熱カップにぬるま湯を入れて2カ所におき、霧
吹きで水をかける。オーブンの発酵機能を使い、35〜
40℃で35〜40分発酵させる。

3 クッキー生地を作る。ボウルにバターを入れ、泡立て
器ですり混ぜてクリーム状にする。グラニュー糖と溶
き卵を加えてよく混ぜる。薄力粉をふるい入れ、ゴム
べらでさっくりと混ぜる。

4 オーブンから**2**を天板ごと取り出し、ひと回り大きく
なっていたら二次発酵完了。オーブンを180℃に予熱
する。生地の上に**3**を1/8量ずつスプーンですくって
のせ、やさしく塗り広げる（**c**）。

5 予熱したオーブンで、全体に焼き色がつくまで15〜20
分焼く。

シナモンロール

基本の生地を薄くのばして、フィリングを塗り、くるくる巻いてカットするだけ。
クリームチーズのアイシングをプラスすれば、よりお店っぽくなります。
アイシングはスプーンでたっぷりのせてもおいしい。

材料（直径7cmのマフィン型8個分）

一次発酵させた基本のふわふわパンの生地
（p.12〜15の**5**まで行なったもの）
　——全量（約420g）

［フィリング］

バター——50g
グラニュー糖——50g
シナモンパウダー——大さじ1

［アイシング］

クリームチーズ——60g
バター——40g
粉糖——60g

下準備

・フィリングとアイシングのバターとクリームチーズを室温に戻す。
・マフィン型にバター少々（分量外）を塗る。

1 一次発酵させた基本のふわふわパンの生地と台に打ち粉をする。めん棒にも打ち粉をし、横24×縦20cmの均一な厚さの四角形にのばす。ボウルにフィリングの材料を入れてゴムべらで混ぜ、生地の上に塗り広げる。奥側の巻き終わりになる部分は、フィリングを塗らずに残しておく（**a**）。

2 手前をひと折りして芯を作り、転がして端まで巻く（**b**）。カードで生地を8等分に切り分け、マフィン型に切り口を上にして入れ（**c**）、天板にのせる。耐熱カップにぬるま湯を入れて2カ所におき、全体にラップをふんわりかける。オーブンの発酵機能を使い、35〜40℃で35〜40分発酵させる。

3 オーブンから天板ごと取り出し、ひと回り大きくなっていたら二次発酵完了。オーブンを180℃に予熱し、全体に焼き色がつくまで13〜15分焼く。オーブンから取り出し、天板から網の上などに移し、完全に冷ます。

4 ボウルにアイシングの材料を入れ、ゴムべらでよく混ぜる。保存用袋の角にアイシングを入れて入れ口をねじって空気を抜く。アイシングを入れた角をほんの少し切り落とし、**3**の上にアイシングを等分に細くかける。

a

b

c

バナナとピーナッツバター

焼きたては中に入れたバナナとピーナッツバターがとろけて格別。
冷めるとしっとりとして、また違ったおいしさに。
好みのタイミングで味わえるのも、家で作るパンの魅力です。

材料
（約18×18cmの四角形のちぎりパン1個分）

一次発酵させた基本のふわふわパンの生地
（p.12〜15の**5**まで行なったもの）
……全量（約420g）

バナナ……1 1/2 本（正味約150g）
はちみつ……大さじ1

A ┌ ピーナッツバター（チャンクタイプ）
　│　……50g
　│ ブラウンシュガー（またはきび砂糖）
　└　……大さじ2

下準備
・ボウルに**A**の材料を入れて、スプーンで混ぜる。
・オーブンペーパーを35〜40cm長さに切る。

1 バナナ100gは1.5cm厚さくらいに9等分する。残りのバナナは3〜4mm厚さくらいに9等分し、はちみつを絡め、飾り用にする。

2 一次発酵させた基本のふわふわパンの生地と台に打ち粉をし、9等分（1個約45g）して丸め、手の平で押して平らな円形にする。中央をくぼませて1.5cm厚さのバナナ1枚と**A**の1/9量をのせる（**a**）。生地をつまんでバナナと**A**を包んで閉じ（**b**）、閉じた面を下にして台に軽く押しつけながら丸める（p.16の**7**参照）。残りも同様にする。

3 基本のふわふわパン（p.17〜18の**9**〜**11**参照）と同様に、オーブンペーパーに3列に並べ、底面が18×18cmになるよう四隅を持ち上げてねじる。天板にのせ、耐熱カップにぬるま湯を入れて2カ所におき、全体にラップをかける。オーブンの発酵機能を使い、35〜40℃で35〜40分発酵させる。

4 オーブンから天板ごと取り出し、ひと回り大きくなっていたら二次発酵完了。オーブンを180℃に予熱する。生地の表面につや出し用溶き卵（生地作りで残った分）を刷毛で塗り、丸めた生地1個につき、飾り用バナナを1枚ずつ中央にのせ、上からぎゅっと押し込んで生地になじませる。

5 予熱したオーブンで、全体に焼き色がつくまで15分焼く。

ホットクロスバンズ

イースターの時期に食べられるイギリス発祥のパン。
スパイスやドライフルーツが入って贅沢な味わい。
十字模様をつけるのが特徴ですが
あまり味はしないので、面倒ならなくても大丈夫。

材料
（約18×18cmの四角形のちぎりパン1個分）

一次発酵させた基本のふわふわパンの生地
（p.12〜15の**5**まで行なったもの）
　……全量（約420g）

レーズン……100g
オレンジピール……30g
シナモンやナツメグ、オールスパイスなど好み
　のパウダースパイス
　……合わせて小さじ1 1/2

［表面の十字模様］
　薄力粉……40g
　水……30mℓ

下準備
・オーブンペーパーを35〜40cm長さに切る。

1 耐熱容器にレーズンを入れ、熱湯をかけて5分おき、ざるにあける。オレンジピールは5mm角に切る。

2 一次発酵させた基本のふわふわパンの生地と台に打ち粉をする。めん棒にも打ち粉をし、横20×縦20cmくらいにのばす。**1**をちらし、スパイスをふり、生地を半分に切って重ね、上からめん棒で押さえて生地と具材をなじませる。9等分（1個約60g）して、焦げやすいレーズンができるだけ上側の表面に飛び出さないように台に押しつけながら、少し力を入れて丸める（p.16の**7**参照）。

3 基本のふわふわパン（p.17〜18の**9〜11**参照）と同様に、オーブンペーパーに3列に並べ、底面が18×18cmになるように四隅を持ち上げてねじる。天板にのせ、耐熱カップにぬるま湯を入れて2カ所におき、全体にラップをかける。オーブンの発酵機能を使い、35〜40℃で35〜40分発酵させる。

4 オーブンから天板ごと取り出し、ひと回り大きくなっていたら二次発酵完了。オーブンを180℃に予熱する。生地の表面につや出し用溶き卵（生地作りで残った分）を刷毛で塗る。表面の十字模様の材料をボウルに入れて混ぜ、丸い口金をつけた絞り袋に入れる。丸めた生地の中央で線が交差して十字になるように絞る（**a**）。

5 予熱したオーブンで、全体に焼き色がつくまで20分焼く。

※**4**で絞り袋がない場合は、シナモンロールのアイシング（p.33の**4**参照）と同様に保存用袋で代用できる。

a

トロペジェンヌ
p.40

トロペジェンヌ

ブリジット・バルドーが気に入ってフランス全土に広まったといわれる南仏サントロペの名物です。
ここでは大きく作りましたが、小さいサイズで作ってもかわいい。

材料（直径約18cmの円形のもの1個分）

一次発酵させた基本のふわふわパンの生地
（p.12〜15の**5**まで行なったもの）……全量（約420g）

［カスタードクリーム］
　卵黄……3個分
　グラニュー糖……40g
　薄力粉……10g
　コーンスターチ……15g
　牛乳……250mℓ
　粉ゼラチン……3g
　水……大さじ1 1/2

［ホイップクリーム］
　生クリーム……100mℓ
　グラニュー糖……大さじ2

［シロップ］
　オレンジフラワーウォーター……大さじ2
　グラニュー糖……大さじ2
　水……大さじ2

あられ糖……大さじ2
粉糖……適量

あられ糖

ワッフルやシュークリームなどにも使
用される、焼いても溶けずに残る粒状
の砂糖。カリッとした食感が特徴。

オレンジフラワーウォーター

オレンジの花の蒸留水。ほんのり甘い
花の香りが特徴で、パンやお菓子の香
りづけとしてヨーロッパや中近東で広
く使用されている。
※オレンジフラワーウォーターがない
場合は、レモンの皮のすりおろしやオ
レンジリキュールで代用してもよい。

下準備
・天板にオーブンペーパーを敷く。
・p.41を参照してカスタードクリームを作り、冷蔵室で冷やす。
・シロップを作る。耐熱容器にグラニュー糖と水を入れ、電
　子レンジで15秒加熱し、オレンジフラワーウォーターを加
　える。
・ホイップクリームを作る。ボウルに生クリームとグラニュ
　ー糖を入れ、ハンドミキサーまたは泡立て器で9分立て（ツ
　ノがピンと立つくらい）にし、冷蔵室で冷やす。

1 一次発酵させた基本のふわふわパンの生地と台に打ち粉をし、台に押しつけながら、少し力を入れて直径約15cmに丸める（p.16の**7**参照）。天板にのせ、耐熱カップにぬるま湯を入れて2カ所におき、霧吹きで水をかける。オーブンの発酵機能を使い、35〜40℃で35〜40分発酵させる。

2 オーブンから天板ごと取り出し、ひと回り大きくなっていたら二次発酵完了。オーブンを180℃に予熱する。生地の表面につや出し用溶き卵（生地作りで残った分）を刷毛で塗り、あられ糖をちらす。

3 予熱したオーブンで全体に焼き色がつくまで20分焼く。天板ごと取り出し、熱いうちに全体にシロップを刷毛で塗り（シロップは断面に塗る分を残しておく）、天板から網の上などに移して完全に冷ます。

4 冷蔵室からカスタードクリームとホイップクリームを取り出し、カスタードクリームをボウルに移してハンドミキサー、または泡立て器でほぐす。ホイップクリームを加えてさらに混ぜる。

5 **3**の厚みを半分に切り、下側の断面に刷毛でシロップを塗り、**4**をのせて全体に広げる（**a**）。上側のパンをのせ、冷蔵室で1時間以上冷やす。器にのせ、粉糖をふり、食べやすく切る。

［**カスタードクリームの作り方**］

1 粉ゼラチンを分量の水でふやかす。

2 耐熱ボウルに卵黄とグラニュー糖を入れて泡立て器で混ぜる。薄力粉とコーンスターチをふるい入れ、牛乳を加えてよく混ぜる。ふんわりとラップをかけて電子レンジで1分30秒〜2分30秒、様子を見ながら固まりができるまで加熱し、取り出して混ぜる。

3 同様にラップをかけて電子レンジで1分加熱して混ぜ、さらに30秒加熱して混ぜる。これをもう1回くり返す。クリームがところどころ固まってダマになってきたら、そのつどしっかり混ぜ（**b**）、さらにダマがほぐれるまで30秒ずつ加熱して混ぜ、をとろみがつくまで数回くり返す。

4 クリームがさらーっとゆるくなったら（**c**）、熱いうちに**1**を加えて混ぜる。ざるで濾してバットに流し入れ、空気が入らないようにラップをぴたっとかけて保冷剤などをのせて急冷し、冷蔵室に入れて1時間以上冷やす。

ソーセージパン
p.44

卵サラダパン
p.45

ソーセージパン

ほんのり甘いふわふわ生地は、総菜パンにもよく合います。
大葉を1枚プラスするだけで、風味がぐんと豊かに。薄切りのズッキーニもおすすめです。

材料（約12×9cmの楕円形のもの7個分）

一次発酵させた基本のふわふわパンの生地
（p.12〜15の**5**まで行なったもの）
⋯⋯全量（約420g）

ウインナソーセージ⋯⋯7本
大葉⋯⋯7枚
溶けるチーズ（ここではカチョカバロ）⋯⋯70g

下準備
・天板にオーブンペーパーを敷く。
・溶けるチーズを7等分に切る。

1 一次発酵させた基本のふわふわパンの生地と台に打ち粉をし、7等分（1個約60g）して台に押しつけながら、少し力を入れて丸める（p.16の**7**参照）。手の平で押して直径10cmくらいの平らな円形にする（**a**）。生地の上下を折りたたみ（**b**）、中央に大葉1枚、ソーセージ1本をのせて上から押す（**c**）。残りも同様にする。

2 天板にひとつひとつの生地の間を2.5〜3cmあけてのせ、耐熱カップにぬるま湯を入れて2カ所におき、霧吹きで水をかける。オーブンの発酵機能を使い、35〜40℃で35〜40分発酵させる。

3 オーブンから天板ごと取り出し、ひと回り大きくなっていたら二次発酵完了。オーブンを180℃に予熱する。生地の表面につや出し用溶き卵（生地作りで残った分）を刷毛で塗る。ソーセージを上から押し、チーズを1切れずつのせる。

4 予熱したオーブンで、全体に焼き色がつくまで12分焼く。

卵サラダパン

卵サラダはサンドイッチだけでなく、総菜パンにしても誰からも愛される味です。
家で作れば卵サラダをたっぷり、のせ放題です。

材料（直径約11cmの円形のもの7個分）

一次発酵させた基本のふわふわパンの生地
（p.12～15の**5**まで行なったもの）
　　——全量（約420g）

［卵サラダ］
　　ゆで卵の粗みじん切り——5個分
　　マヨネーズ——70g
　　ヨーグルト（無糖）
　　　　——大さじ1 1/2
　　粒マスタード——小さじ1
　　イタリアンパセリのみじん切り
　　　　——小さじ1（2g）
　　塩、こしょう——各適量

下準備
・卵サラダの材料をよく混ぜ合わせる。
・天板にオーブンペーパーを敷く。

1 一次発酵させた基本のふわふわパンの生地と台に打ち
粉をし、7等分（1個約60g）して台に押しつけながら、
少し力を入れて丸める（p.16の**7**参照）。手の平で押
して直径8cmくらいの平らな円形にする。中央を上か
ら押してくぼみを作り、卵サラダを1/7量（約50g）ず
つのせる（**a**）。

2 天板にひとつひとつの生地の間を2.5～3cmあけての
せ、耐熱カップにぬるま湯を入れて2カ所におき、霧
吹きで水をかける。オーブンの発酵機能を使い、35
～40℃で35～40分発酵させる。

3 オーブンから天板ごと取り出し、ひと回り大きくなっ
ていたら二次発酵完了。オーブンを180℃に予熱する。
生地の表面につや出し用溶き卵（生地作りで残った分）
を刷毛で塗る。

4 予熱したオーブンで、全体に焼き色がつくまで12～
15分焼く。

a

45

コーヒー黒糖
p.48

46

コーヒーマロンクリーム
p.49

コーヒー黒糖

インスタントコーヒーを基本の生地に加え、刻んだ黒糖を包みました。
コーヒーの香りやほろ苦さと黒糖の素朴な甘さがよく合います。

材料（直径約9cmの丸形のもの8個分）

生地
薄力粉（ドルチェ）……105g
強力粉（カメリヤ）……105g
A ┌ 牛乳……75㎖（冬は90㎖）
　│ きび砂糖……30g
　│ バター……30g
　│ 塩……3g
　└ インスタントコーヒー……小さじ2

溶き卵……35g
　（全卵を溶いて量り、残りはつや出しに使用）
┌ ぬるま湯……30㎖
│ インスタントドライイースト
│ 　（サフ社の「赤」）……3g
└

黒糖……40g

下準備
・ぬるま湯にドライイーストを溶かす。
・黒糖を粗く刻む。
・天板にオーブンペーパーを敷く。

1　基本のふわふわパン（p.13〜15の**1**〜**5**参照）の**1**で**A**の材料を混ぜる時にインスタントコーヒーを加えて溶かす。あとは同様に生地を作って室温に30分（冬は1時間）ほどおいてから、冷蔵室に8〜24時間おき、一次発酵させる（夏に冷蔵室に20〜24時間おく場合は、室温におかず、すぐに冷蔵室に入れるとよい）。

2　生地と台に打ち粉をし、8等分（1個約50g）して丸め、手の平で押して平らな円形にする。中央をくぼませて黒糖を$1/8$量ずつのせ、生地をつまんで黒糖を包んで閉じ、閉じた面を下にして台に押しつけながら、少し力を入れて丸める（p.16の**7**参照）。

3　天板にひとつひとつの生地の間を2.5〜3cmあけてのせ、耐熱カップにぬるま湯を入れて2カ所におき、霧吹きで水をかける。オーブンの発酵機能を使い、35〜40℃で35〜40分発酵させる。

4　オーブンから天板ごと取り出し、ひと回り大きくなっていたら二次発酵完了。オーブンを180℃に予熱する。生地の表面につや出し用溶き卵（生地作りで残った分）を刷毛で塗る。

5　予熱したオーブンで、全体に焼き色がつくまで20分焼く。

コーヒーマロンクリーム

コーヒー黒糖パンと同じ生地を使ったアレンジパンです。
焼き上がった生地にマロンホイップクリームを絞り入れたスイーツみたいな一品。

材料（直径7cmのマフィン型8個分）

生地
薄力粉（ドルチェ）……105g
強力粉（カメリヤ）……105g
A ┌ 牛乳……75㎖（冬は90㎖）
　│ きび砂糖……30g
　│ バター……30g
　│ 塩……3g
　└ インスタントコーヒー……小さじ2
溶き卵……35g
　（全卵を溶いて量り、残りはつや出しに使用）
┌ ぬるま湯……30㎖
│ インスタントドライイースト
│ （サフ社の「赤」）……3g
└

［マロンホイップクリーム］
┌ マロンクリーム（市販品）……100g
│ 生クリーム……70㎖
│ きび砂糖……小さじ1
└ ラム酒……小さじ1

下準備
・ぬるま湯にドライイーストを溶かす。
・マフィン型にバター少々（分量外）を塗る。

1 基本のふわふわパン（p.13〜15の**1**〜**5**参照）の**1**で
Aの材料を混ぜる時にインスタントコーヒーを加えて
溶かす。あとは同様に生地を作って室温に30分（冬
は1時間）ほどおいてから、冷蔵室に8〜24時間おき、
一次発酵させる（夏に冷蔵室に20〜24時間おく場合
は、室温におかず、すぐに冷蔵室に入れるとよい）。

2 生地と台に打ち粉をし、8等分（1個約50g）して台に
押しつけながら、少し力を入れて丸める（p.16の**7**参
照）。マフィン型に生地を入れ、耐熱カップにぬるま
湯を入れて2カ所におき、全体にラップをふんわりかけ
る。オーブンの発酵機能を使い、35〜40℃で35〜
40分発酵させる。

3 オーブンから天板ごと取り出し、ひと回り大きくなっ
ていたら二次発酵完了。オーブンを180℃に予熱する。
生地の表面につや出し用溶き卵（生地作りで残った分）
を刷毛で塗る。

4 予熱したオーブンで、全体に焼き色がつくまで20分
焼く。オーブンから取り出し、天板から網の上などに
移して完全に冷ます。

5 マロンホイップクリームを作る。ボウルに生クリーム
ときび砂糖を入れ、ハンドミキサーまたは泡立て器で
9分立て（ツノがピンと立つくらい）に泡立てる。マロ
ンクリームを加えてさっくりと混ぜる。ラム酒を加え
て軽く混ぜ、丸い口金をつけた絞り袋に入れる。

6 **4**の中央に菜箸などを刺してぐるぐる回し（底が破れな
いよう注意する）、クリームが中に入るように穴をあけ
る。口金の先を差し込んで、クリームを等分に絞る（**a**）。

※マロンホイップクリームが柔らかい場合は、冷蔵室で冷やしてか
ら絞るとよい。

a

ダブルチョコクランベリーブレッド

ココア入りの茶色い生地で、2種類のチョコとクランベリーを包みました。
ビターな生地にとろりと甘いチョコと甘ずっぱいクランベリーがアクセントに。

材料（縦24×横18×高さ3cmのバット1台分）

生地
薄力粉（ドルチェ）——90g
強力粉（カメリヤ）——95g
ココアパウダー（砂糖不使用）——15g
A ┌ 牛乳——90ml（冬は95～100ml）
　├ きび砂糖——35g
　├ バター——30g
　└ 塩——3g
溶き卵——35g
　（全卵を溶いて量り、残りはつや出しに使用）
　┌ ぬるま湯——30ml
　├ インスタントドライイースト
　└　（サフ社の「赤」）——3g

チョコレート2種（ビター、ホワイト）
　——合わせて80g＊
ドライクランベリー——40g
＊チョコレートは板チョコでもタブレットでも、手に入る
ものでOK。板チョコの場合は1.5cm四方に切る。

下準備
・ぬるま湯にドライイーストを溶かす。
・耐熱容器にドライクランベリーを入れ、熱
　湯をかけて5分おき、ざるにあける。
・バットに合わせてオーブンペーパーを切り、
　四隅に切り込みを入れ、バットに敷く。

1　基本のふわふわパン（p.13～15の**1**～**5**参照）の**2**で
　ココアパウダーを加え、あとは、同様に生地を作って
　一次発酵させる。

2　生地と台に打ち粉をし、4等分（1個約110g）し、切り
　口を内側に入れるように生地をつまんで閉じる。台に
　おき、手の平で押して横13×縦10cmくらいの平らな
　楕円形にする。

3　生地の中央に2種のチョコレートと湯通ししたドライ
　クランベリーの1/4量をのせ、三つ折りにして包んで
　閉じる（**a**）。閉じた部分が内側になるようにさらに半
　分に折って閉じ（**b**）、バットの長さに合うまで軽く転
　がして棒状に成形する。閉じた面を下にしてバットに
　おく。残りも同様にして、少し間をあけてバットに並
　べる（**c**）。

4　天板にバットをおき、コップ2杯分くらいの水を天板
　に張って、全体にラップをふんわりかける。オーブン
　の発酵機能を使い、35～40℃で35～40分発酵させる。

5　オーブンから天板ごと取り出し、ひと回り大きくなっ
　ていたら二次発酵完了。オーブンを180℃に予熱する。
　天板の水を捨て、生地の表面につや出し用溶き卵（生
　地作りで残った分）を刷毛で塗り、予熱したオーブン
　で20分焼く。

a

b

c

オレンジマーマレードブレッド

牛乳の代わりに加えたオレンジジュースと、マーマレードで生地がほんのり黄色に。
朝食はもちろん、料理と一緒に楽しめるさわやかな味わいのパンです。

材料（約18×18cmの四角形のちぎりパン1個分）

生地
薄力粉（ドルチェ）……105g
強力粉（カメリヤ）……105g
A⌈ オレンジジュース（100％のもの）
　　　……75mℓ
　　きび砂糖……30g
　　バター……30g
　⌊ 塩……3g
溶き卵……35g
　（全卵を溶いて量り、残りはつや出しに使用）
⌈ ぬるま湯……30mℓ
⌊ インスタントドライイースト
　（サフ社の「赤」）……3g
マーマレード……大さじ2
あればオレンジの皮のすりおろし……少々

[ナパージュ]
⌈ マーマレード……大さじ1
⌊ グランマニエ……小さじ2

下準備
・ぬるま湯にドライイーストを溶かす。
・オーブンペーパーを35〜40cm長さに切る。

1 耐熱容器に**A**の材料を入れ、ラップをふんわりかけて電子レンジで50秒〜1分加熱して取り出す（バターは溶けきらない状態でOK。沸騰直前まで加熱しないように様子を見ながら温める）。ゴムべらでよく混ぜる。

2 溶き卵を加えてよく混ぜる。

3 ふたつきボウルに薄力粉と強力粉を入れて泡立て器で混ぜ、**2**と溶かしたドライイースト、マーマレード、オレンジの皮のすりおろしを加えて混ぜる。粉けが残る場合はオレンジジュース大さじ1（分量外）を少しずつ加えて混ぜる。ふたをし、室温に30分（冬は1時間）ほどおいてから、冷蔵室に8〜24時間おき、一次発酵させる（夏に冷蔵室に20〜24時間おく場合は、室温におかず、すぐに冷蔵室に入れるとよい）。

4 基本のふわふわパン（p.15〜18の**6〜11**参照）と同様に9等分（1個約50g）し、少し力を入れて丸めて3列に並べ、オーブンペーパーで型を作り、天板にのせる。耐熱カップにぬるま湯を入れて2カ所におき、全体にラップをかける。オーブンの発酵機能を使い、35〜40℃で35〜40分発酵させる。

5 オーブンを180℃に予熱する。生地の表面につや出し用溶き卵（生地作りで残った分）を刷毛で塗り、予熱したオーブンで、全体に焼き色がつくまで20分焼く。天板ごと取り出し、ナパージュの材料をよく混ぜ、熱いうちに表面全体に刷毛で塗る。

オレンジジュース

果汁100％のものを選んで。牛乳の代わりに加えることで、生地がほんのり黄色になり、柑橘の香りが口に広がる。

ココナッツマンゴー

牛乳の代わりに生地に加えたココナッツミルクとドライマンゴーで南国っぽい味わいに。
トッピングのココナッツロングの香ばしさもクセになります。

材料（直径7cmのマフィン型8個分）

生地
薄力粉（ドルチェ）──105g
強力粉（カメリヤ）──105g
A ┌ ココナッツミルク──70㎖
　├ きび砂糖──30g
　├ バター──30g
　└ 塩──3g
溶き卵──35g
　（全卵を溶いて量り、残りはつや出しに使用）
　┌ ぬるま湯──30㎖
　├ インスタントドライイースト
　└ 　（サフ社の「赤」）──3g
ドライマンゴー──60g
ヨーグルト（無糖）──50g

ココナッツロング
　（またはココナッツファイン）──10g

下準備
・ぬるま湯にドライイーストを溶かす。
・ドライマンゴーを5㎜角に切ってボウルに
　入れ、ヨーグルトを加えて軽く混ぜ、マンゴ
　ーがヨーグルトの水分を吸って柔らかくな
　るまで冷蔵室に入れ、1時間以上おく（**a**）。
・マフィン型にバター少々（分量外）を塗る。

a

1 耐熱容器に**A**の材料を入れ、ラップをふんわりかけて
電子レンジで50秒〜1分加熱して取り出す（バターは
溶けきらない状態でOK。沸騰直前まで加熱しないよ
うに様子を見ながら温める）。ゴムべらでよく混ぜる。

2 溶き卵を加えてよく混ぜる。

3 ふたつきボウルに薄力粉と強力粉を入れて泡立て器で
混ぜ、**2**と溶かしたドライイースト、下準備したドラ
イマンゴーとヨーグルトを混ぜたものを加えて混ぜる。
粉けが残る場合はココナッツミルク大さじ1（分量外）
を少しずつ加えて混ぜる。ふたをし、室温に30分（冬
は1時間）ほどおいてから、冷蔵室に8〜24時間おき、
一次発酵させる（夏に冷蔵室に20〜24時間おく場合
は、室温におかず、すぐに冷蔵室に入れるとよい）。

4 生地に打ち粉をし、8等分（1個約65g）して、台に
押しつけながら、少し力を入れて丸める（p.16の**7**参
照）。マフィン型に入れ、天板にのせる。耐熱カップ
にぬるま湯を入れて2カ所におき、全体にラップをふ
んわりかける。オーブンの発酵機能を使い、35〜40
℃で35〜40分発酵させる。

5 オーブンから天板ごと取り出し、ひと回り大きくなっ
ていたら二次発酵完了。オーブンを180℃に予熱する。
生地の表面につや出し用溶き卵（生地作りで残った分）
を刷毛で塗り、ココナッツロングを1/8量ずつのせる。

6 予熱したオーブンで、全体に焼き色がつくまで20分焼
く。15分たったら様子を見て、ココナッツが焦げそう
なら、170℃に下げて5分焼く。

マスカルポーネロール
p.58

マスカルポーネパン
p.57

マスカルポーネパン&
マスカルポーネロール

バターと卵を使わずに、マスカルポーネチーズを加えたら、よりふんわりとミルキーなパンになりました。
マスカルポーネパンは基本のふわふわパンと同じようにちぎりパンとして作ってもおいしいですが、
ここでは大きく作って、よりふんわりとさせました。
生地の半量でアレンジのマスカルポーネロールを作ると両方楽しめます。

マスカルポーネパン

材料（直径約14cmの丸形のもの2個分）
※半量でマスカルポーネロール（p.58）を作ってもよい。

生地
薄力粉（ドルチェ）──105g
強力粉（カメリヤ）──105g
A ┌ 牛乳──90㎖
　├ きび砂糖──30g
　└ 塩──3g
┌ ぬるま湯──30㎖
│ インスタントドライイースト
└ （サフ社の「赤」）──3g
マスカルポーネチーズ──100g

下準備
・ぬるま湯にドライイーストを溶かす。
・天板にオーブンペーパーを敷く。

1 基本のふわふわパン（p.13〜15の**1**〜**5**参照）の**1**で
Aの材料を電子レンジで20秒ほど加熱して混ぜる（バ
ター、溶き卵は加えない）。マスカルポーネチーズも
加えて混ぜる。

2 ふたつきボウルに薄力粉と強力粉を入れて泡立て器で
混ぜ、**1**と溶かしたドライイーストを加えて混ぜる。
粉けが残る場合は牛乳大さじ1（分量外）を少しずつ
加えて混ぜる。ふたをし、室温に30分（冬は1時間）
ほどおいてから、冷蔵室に8〜24時間おき、一次発酵
させる（夏に冷蔵室に20〜24時間おく場合は、室温に
おかず、すぐに冷蔵室に入れるとよい）。

3 生地と台に打ち粉をし、カードに粉をつけ、2等分（1
個約255g）に切る。切り口を内側に入れるように生地
をつまんで閉じる。閉じた面を下にして台におき、生
地を押しつけるように力を入れながら両手で転がして
丸め（p.16の**7**参照）、天板にのせる。

4 耐熱カップにぬるま湯を入れて2カ所におき、霧吹き
で水をかける。オーブンの発酵機能を使い、35〜40℃
で35〜40分発酵させる。

5 オーブンから天板ごと取り出し、ひと回り大きくなって
いたら二次発酵完了。オーブンを180℃に予熱し、全
体に焼き色がつくまで15分焼く。食べやすく切り、好
みでいちごジャム赤ワイン風味（p.62参照）やマスカ
ルポーネチーズを塗る。

マスカルポーネロール

ブラウンシュガーとマスカルポーネチーズを合わせたクリームは、
加熱するとキャラメルクリームのようなコクが出ます。
そこに甘ずっぱいレーズンを入れるのがお気に入り。

材料（直径7cmのマフィン型4個分）

一次発酵させたマスカルポーネパンの生地
（p.57の**2**まで行なったもの）
　……半量（約255g）

［フィリング］
| マスカルポーネチーズ……50g
| ブラウンシュガー（またはきび砂糖）
|　……大さじ2

レーズン……30g

下準備
・耐熱容器にレーズンを入れ、熱湯をかけて
　5分おき、ざるにあける。
・フィリングの材料をボウルに入れて混ぜる。
・マフィン型にバター少々（分量外）を塗る。

1 一次発酵させたマスカルポーネパンの生地と台に打ち
粉をする。めん棒にも打ち粉をし、横13×縦20cmの
均一な厚さの四角形にのばす。フィリングをゴムべら
で生地の上に塗り広げ（奥側の巻き終わりになる部分
は、フィリングを塗らずに残しておく）、レーズンを
ちらす（**a**）。

2 手前をひと折りして芯を作り、転がして端まで巻く。
カードで生地を4等分し、マフィン型に切り口を上に
して入れ（**b**）、天板にのせる。耐熱カップにぬるま湯
を入れて2カ所におき、全体にラップをふんわりかけ
る。オーブンの発酵機能を使い、35〜40℃で35〜
40分発酵させる。

3 オーブンから天板ごと取り出し、ひと回り大きくなっ
ていたら二次発酵完了。オーブンを180℃に予熱し、
全体に焼き色がつくまで13〜15分焼く。

覚えておきたい
パンの保存法とリベイクのコツ

その日のうちに食べきれないパンは、乾燥しないように保存して、
リベイクして食べましょう。ひと手間でおいしさが長続きします。

短期保存

ふわふわパンもパリッとパンも基本のパン
や水分の少ない具材のパンは、完全に冷め
てからパサつかないようにラップでくるみ
ます。季節にもよりますが、冬は室温で2日
間を目安に食べきるようにしてください。
クリームや水分の多い果物や野菜を使った
パン、総菜パンは冷蔵保存し、翌日までに
食べきること。

長期保存

室温保存できるパンなら冷凍もOK。食べ
る分だけ取り出しやすいように、ふわふわ
のちぎりパンなら、ちぎってラップでくる
み、パリッとパンはスライスしてラップで
包みます。乾燥や冷凍室のにおい移りを防
ぐため、保存用袋に入れて冷凍室へ。パン
の名前と日付を袋に書いておくのがおすす
め。2週間を目安に食べきりましょう。

リベイク

オーブントースターやオーブンでリベイク
すると、焼きたてのようなパリッとした食
感になります。ポイントは焼く前にパンに
霧吹きで水分を補うこと。冷凍保存のパン
は解凍せずに、そのまま霧吹きで水をかけ
て焼いてください。表面がパリッと香ばし
く、内側はしっとり焼き上がります。

フリッタータ

グレープフルーツと
アボカドのサラダ

60

グレープフルーツとアボカドのサラダ

材料（2人分）

グレープフルーツ（あればルビー）──1個

アボカド──1個

レタス──2枚

カッテージチーズ──50g

［ドレッシング］

  オリーブオイル──大さじ1

  レモン汁──小さじ1

  塩、粗挽き黒こしょう──各適量

1 グレープフルーツは房取りをする。アボカドは縦4等分に切って、横7mm幅に切る。レタスは食べやすい大きさに切る。

2 ボウルにドレッシングの材料を入れて混ぜ、**1**を加えてあえる。皿に盛り、カッテージチーズと好みでハーブをちらす。

フリッタータ

材料（2人分）

グリーンアスパラガス──2本

ズッキーニ──½本（50g）

［卵液］

  卵──2個

  生クリーム（または牛乳）──大さじ2

  パルミジャーノチーズのすりおろし──10g

  塩、こしょう──各適量

オリーブオイル──適量

1 アスパラガスは根元のかたい皮をむいて1.5cm幅に切り、ズッキーニは5mm幅の輪切りにする。ボウルに卵液の材料を入れ、菜箸で卵を溶きほぐしながらよく混ぜる。

2 フライパンにオリーブオイル小さじ1を入れて中火で熱し、**1**の野菜を加えて強火にし、さっと炒めて取り出す。

3 フライパンをきれいにし、オリーブオイル大さじ½を入れて中火で熱し、**1**の卵液を流し入れる。周囲がふわっとしてきたら、**2**を戻し入れる。ふたをして表面が固まるまで2〜3分焼く。

※野菜を加えたらグリルやオーブントースターで2〜3分焼いてもよい。

いちごジャム
赤ワイン風味

ミルククリーム

パンと合わせる
ティータイム
パンに欠かせない
ジャムやミルククリームも、
手作りなら好みの甘さに
調整できます。

いちごジャム赤ワイン風味

材料（作りやすい分量）

いちご——1パック（250g）
グラニュー糖——80〜100g
赤ワイン——大さじ2
レモン汁——小さじ1

1 いちごは水洗いせずに汚れをペーパータオルで拭き（またはさっと洗う）、へたを除いて鍋に入れる。グラニュー糖をふりかけてへらで混ぜ、いちご全体に砂糖をまぶす。赤ワインをかけて水分が上がるまで15分ほどおく。

2 鍋を強火にかけ、煮立ったら中火にし、焦げつかないように時々へらで鍋底から混ぜながら、10〜15分ほど煮る（途中吹きこぼれそうになったら、弱火にする）。全体がとろりとしたら火を止め、レモン汁を加えて混ぜる。

ミルククリーム

材料（作りやすい分量）

練乳——40g
バター（室温に戻したもの）——40g
あればカルダモン（ホール）——1粒

作り方

器に練乳とバターを入れてよく混ぜ、カルダモンのさやを取り、種を砕いて混ぜる。

2章
パリッとパン

外側はパリッと、内側はしっとりと焼き上がる
食事にぴったりのパンです。
基本のパンは、粉と塩と砂糖、
インスタントドライイーストと水を混ぜるだけ。
冷蔵室でゆっくりと発酵させた
たっぷり空気を含んだ柔らかな生地が特徴です。
余計なものを加えない基本のパンは、
素朴でクセのない味わいで、くり返し作りたくなるおいしさです。
生地にスパイスやナッツ、チーズなど、個性の強い具材を入れたり、
ごろっと存在感のあるじゃがいもや、
味噌とくるみなどを加えたアレンジはどれも絶品。
意外な組み合わせを楽しんでください。

基本のパリッとパン

ふわふわパンと同様に、材料を混ぜて冷蔵室で一次発酵させます。
水分が多く、柔らかな生地が特徴。半分に分けて丸め、
オーブンペーパーの端をねじって作る簡易的な型で焼きます。
アレンジでは厚手の鍋を使い、全量を丸めて焼く方法も紹介します。

材料（作りやすい分量・約550g）
生地
準強力粉（リスドォル）……300g
塩……5g
A ┌ ぬるま湯……10㎖
　│ インスタントドライイースト
　│ （サフ社の「赤」）……1g
　└ きび砂糖……3g
水……230㎖

道具

ふたつきボウル（または保存容器）
生地を混ぜ合わせて発酵させる。ここで
はプラスチック製ふたつきボウルを使用。
口径21㎝、高さ10.5㎝　容量1900㎖

カード
生地を分割したり、丸めて成形する時に
使用。使う時は粉（準強力粉）をつける
とくっつきにくい。

ゴムべら
材料を混ぜ合わせる時に使用。

オーブンペーパー
焼く時に生地をのせたり、折って端をね
じり、簡易的な型を作るのに使用。
幅30㎝のもの。長さ35〜40㎝を使用。
※他にラップ、クープナイフなど。

1 ふたつきボウル（または保存容器）に **A** の材料を入れてゴムべらで混ぜてしっかり溶かす。
　 水を加えてゴムべらで混ぜる。

2 準強力粉と塩を合わせて加える。粉けがなくなるまでゴムべらでよく混ぜる。

3 まとまったら、ふたをして室温に1時間（冬は1時間30分）ほどおいてから、冷蔵室に10〜24時間おく（夏に冷蔵室に16〜24時間おく場合は、室温におかず、すぐに冷蔵室に入れるとよい）。

4 生地が2倍くらいにふくらんだら、一次発酵完了。
※2倍になっていなかったら、少し室温において待つ。

目安
生地が柔らかいため指で確認はせず、2倍の位置にあらかじめマスキングテープなどを貼っておくとよい。

5
生地の表面と台にたっぷりと打ち粉をする。カードに粉をつけて生地の周囲にぐるっと差し込む。

6
ボウルを逆さにして、生地を台にやさしく落とす。

目安
気泡がしっかり残っているとよい。気泡が流れてだれてくるようなら過発酵（解決策はp.108のQ&A参照）。

7 カードに粉をつけて生地を縦半分に切り分ける。左右、上下の順にカードで生地を折りたたむ。

※具の入るパンの場合は具をのせてから左右、上下を三つ折りし、長さを半分に切る。

8 手に粉をつけ、カードで生地を裏返し四隅（角）を下に押し込むようにして丸く形を整える。もう1つも同様にする。オーブンペーパーを35〜40cm長さに2枚切って台にのせ、生地をそれぞれ中央におく。

9　オーブンペーパーの四隅を持ち上げてねじり、生地をふんわり包むようにする。
※このあと二次発酵させてひと回り大きくなるので、余裕を持たせること。4カ所をねじると生地が
横に広がり、やや平たく焼き上がる。

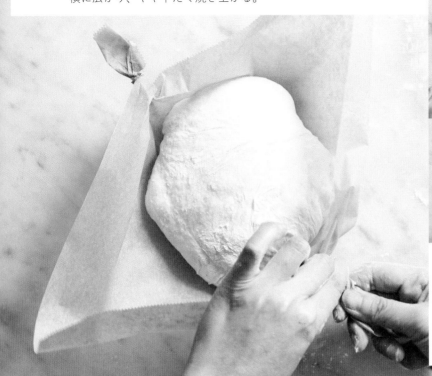

焼き上がりに高さを出したい場
合は包み方を変える。上下の辺
を外側に3cmほど折り、手前と
奥の角をそれぞれ合わせ、2カ
所でねじる（型が生地より2cm
ほど高くなる）。

10　天板にのせ、耐熱カップにぬるま湯を入れて2カ所におき、全体にラップをふんわりかけ
る。オーブンの発酵機能を使い、35〜40℃で40〜50分発酵させる。

11 生地がひと回り大きくなっていたら二次発酵完了。生地を取り出し、オーブンに天板を戻し入れて250℃に予熱する。生地に準強力粉適量を茶こしなどでたっぷりふり、クープ（切り目）を1〜2本入れ、霧吹きで水をかける。

12 天板を取り出して生地をのせ、オーブンを230℃に下げて、全体に焼き色がつくまで20分焼いたらでき上がり。
※温度を下げられないタイプのオーブンの場合は、250℃で予熱をして一旦取り消し、予熱なしで230℃に設定して焼く。または250℃に予熱して焦げすぎに注意しながらそのまま焼き上げる。

型を2カ所でねじった場合（p.71の9参照）は、15分焼いたらねじった部分を開き（やけどに注意する）、さらに5分焼くと下まで焼き色がつく。

厚手の鍋で焼く場合

鋳物ホーローなどの厚手の鍋を使えば、生地を2つに分割せずに大きなパンが焼けます。
p.67〜69の1〜6と同様に生地を一次発酵させて台に落とし、
7〜12は厚手の鍋（ここでは直径20cmのストウブ）を使い、
下記の要領で二次発酵させて焼き上げます。
オーブンペーパーの型より、表面はパリッと、中はしっとり焼き上がります。

------ 切り込み

7〜10 カードと手に粉をつけ、生地を分割せずにカードで1つにまとめる。カードで生地の四隅（角）を下に押し込むようにして丸く形を整える。35cm程度に切ったオーブンペーパーに写真（左）の位置に切り込みを入れて中央に生地をのせる。オーブンペーパーごとふたつきボウルに移し、オーブンの発酵機能を使って同様に二次発酵させる（p.71の10参照）。

11〜12 二次発酵させた生地をボウルに入れたまま準強力粉をふり、クープを入れ、霧吹きで水をかける（p.72の11参照）。天板にふたをした鍋をのせてオーブンに入れ、250℃に予熱する。天板ごと取り出し、生地をオーブンペーパーごと鍋に入れてふたをする（やけどに注意する）。230℃に下げて20分焼き、取り出してふたをはずし、焼き色がつくまでさらに20分焼く。
※玉ねぎやスパイス、ハーブなどの小さなトッピングは、焦げやすいので表面になるべく出ないように成形して焼く。

クミンシードとごまとアーモンド

スパイスやナッツの香ばしさと食感が楽しい組み合わせです。
どこか中近東風のエスニックなパン。おつまみにもぴったりです。

材料（約15×14cmの楕円形のもの2個分）

一次発酵させた基本のパリッとパンの生地
（p.66～68の**4**まで行なったもの）
──全量（約550g）

A┌ クミンシード──大さじ1強（10g）
│ 白いりごま──大さじ3（20g）
└ アーモンド（食塩不使用）──30g

［トッピング］
│ クミンシード──大さじ1
│ 白いりごま──大さじ1
│ アーモンド（食塩不使用）──10g
│ 塩──小さじ⅓

オリーブオイル──少々

下準備

・アーモンドは**A**、トッピング用ともに粗く
　刻む。
・**A**のアーモンドはローストしたものを使う
　か、またはフライパンでローストする。
・トッピングのアーモンドを器に入れ、浸る
　くらいの水を加えて5分ほどおき、ざるに
　あける。
・オーブンペーパーを35～40cm長さに2枚切る。

1 一次発酵させた基本のパリッとパンの生地と台に打ち
粉をし、生地を台にのせる。自然に広がった生地の上
に**A**の半量をちらし、カードに粉をつけ、三つ折りに
する（**a**）。生地を90度回転させ、軽く押さえて広げ、
残りの**A**をちらし、同様に三つ折りにする（**b**）。

2 カードに粉をつけ、2等分に切る。手に粉をつけ、カー
ドで生地を裏返し、四隅（角）を下に押し込むよう
にして丸く形を整える。

3 オーブンペーパーの中央にのせる。オーブンペーパー
の四隅を持ち上げてねじり、生地をふんわり包むよう
にする。天板にのせ、耐熱カップにぬるま湯を入れて2
カ所におき、全体にラップをふんわりかける。オーブン
の発酵機能を使い、35～40℃で40～50分発酵させる。

4 オーブンから取り出し、ひと回り大きくなっていたら
二次発酵完了。オーブンに天板を入れて250℃に予熱
する。生地に霧吹きで水をかけて（**c**）、トッピングを
半量ずつちらし、オリーブオイルをかける。

5 天板を取り出して生地をのせ、予熱したオーブンを
230℃に下げ、全体に焼き色がつくまで20分焼く。

a

b

c

ディルとクリームチーズ

クリームチーズは存在感が残るように大きめにちぎってのせるのがポイント。
さわやかなディルの魅力を満喫できるパン。

材料（約15×14cmの楕円形のもの2個分）

一次発酵させた基本のパリッとパンの生地
（p.66〜68の**4**まで行なったもの）
　……全量（約550g）

ディルの葉の粗みじん切り
　……1パック分（約10g）
クリームチーズ……100g

下準備
・ オーブンペーパーを35〜40cm長さに2枚
　切る。

1 一次発酵させた基本のパリッとパンの生地と台に打ち
粉をし、生地を台にのせる。自然に広がった生地の上
にディルの半量をちらし、クリームチーズ50gをちぎ
って5〜6カ所にのせる（**a**）。カードに粉をつけ、三つ
折りにする（p.75の**a**参照）。生地を90度回転させ、軽
く押さえて広げ、残りのディルとクリームチーズをち
ぎってちらし、同様に三つ折りにする（p.75の**b**参照）。

2 カードに粉をつけ、2等分に切る。手に粉をつけ、カ
ードで生地を裏返し、四隅（角）を下に押し込むよう
にして丸く形を整える。

3 オーブンペーパーの中央にのせる。オーブンペーパー
の上下の辺を外側に3cm折り、手前と奥の角をそれぞ
れ合わせてねじり、生地をふんわり包むようにする。
天板にのせ、耐熱カップにぬるま湯を入れて2カ所に
おき、全体にラップをふんわりかける。オーブンの発
酵機能を使い、35〜40℃で40〜50分発酵させる。

4 オーブンから取り出し、ひと回り大きくなっていたら
二次発酵完了。オーブンに天板を入れて250℃に予熱
する。表面に準強力粉適量をふり、クープを1本入れ、
霧吹きで水をかける。

5 天板を取り出して生地をのせ、予熱したオーブンを
230℃に下げて15分焼き、オーブンペーパーのねじっ
た部分を開き（やけどに注意する）、全体に焼き色が
つくまでさらに5分焼く。

a

じゃがいもとベーコンと粒マスタード

じゃがいもとベーコンをフライパンで炒めてジャーマンポテトのような味わいに。
パンとほっくりしたじゃがいもの食感の組み合わせがクセになるおいしさです。

材料（約15×14cmの楕円形のもの2個分）

一次発酵させた基本のパリッとパンの生地
（p.66～68の**4**まで行なったもの）
　……全量（約550g）

じゃがいも……2～3個（320g）
スライスベーコン（1cm幅に切ったもの）
　……100g
粒マスタード……小さじ2

［トッピング］
　スライスベーコン（1cm幅に切ったもの）
　　……15g

下準備

・オーブンペーパーを35～40cm長さに2枚
　切る。

1 じゃがいもは皮つきのまま1個ずつラップをかけて、竹串がスーッと通るまで電子レンジで7分加熱する。熱いうちに皮をむき、小さめの一口大に切る（**a**）。生地用のベーコンをフライパンに入れ、中火で熱して脂が出てきたら、じゃがいもを加えてさっと炒め、脂をなじませる。バットに取り出し、完全に冷ます。

2 一次発酵させた基本のパリッとパンの生地と台に打ち粉をし、生地を台にのせる。自然に広がった生地の上に**1**の半量をのせ、粒マスタード小さじ1をところどころにちらす。カードに粉をつけ、三つ折りにする（p.75の**a**参照）。生地を90度回転させ、軽く押さえて広げ、残りの**1**と粒マスタードをちらし、同様に三つ折りにする（p.75の**b**参照）。

3 カードに粉をつけ、2等分に切る。手に粉をつけ、カードで生地を裏返し、四隅（角）を下に押し込むようにして丸く形を整える。

4 オーブンペーパーの中央にのせる。オーブンペーパーの上下の辺を外側に3cm折り、手前と奥の角をそれぞれ合わせてねじり、生地をふんわり包むようにする。天板にのせ、耐熱カップにぬるま湯を入れて2カ所におき、全体にラップをふんわりかける。オーブンの発酵機能を使い、35～40℃で40～50分発酵させる。

5 オーブンから取り出し、ひと回り大きくなっていたら二次発酵完了。オーブンに天板を入れて250℃に予熱する。表面に準強力粉適量をふり、クープを十字に入れ、霧吹きで水をかけ、トッピングを半量ずつちらす。

6 天板を取り出して生地をのせ、予熱したオーブンを230℃に下げて15分焼き、オーブンペーパーのねじった部分を開き（やけどに注意する）、全体に焼き色がつくまでさらに5分焼く。

玉ねぎと桜えび

トッピングの具材はオリーブオイルをかけてパリッと香ばしく。
生地に入れた具材はしっとりとした玉ねぎの甘さが際立ちます。

材料（約15×14cmの楕円形のもの2個分）

一次発酵させた基本のパリッとパンの生地
（p.66～68の**4**まで行なったもの）
　　──全量（約550g）

玉ねぎの薄切り──140g
桜えび──15g

［トッピング］
　玉ねぎの薄切り──20g
　桜えび──小さじ2

オリーブオイル──大さじ4
粗挽き黒こしょう──少々

下準備

・オーブンペーパーを35～40cm長さに2枚
　切る。

1 一次発酵させた基本のパリッとパンの生地と台に打ち
粉をし、生地を台にのせる。自然に広がった生地の上
に生地用の玉ねぎと桜えびの各半量をちらし、カード
に粉をつけ、三つ折りにする（p.75の**a**参照）。生地
を90度回転させ、軽く押さえて広げ、残りの生地用の
玉ねぎと桜えびをちらし、同様に三つ折りにする
（p.75の**b**参照）。

2 カードと手に粉をつけ、2等分に切って生地を裏返し、
四隅（角）を下に押し込むように丸く形を整える。

3 オーブンペーパーの中央にのせる。オーブンペーパー
の上下の辺を外側に3cm折り、手前と奥の角をそれぞ
れ合わせてねじり、生地をふんわり包むようにする。
天板にのせ、耐熱カップにぬるま湯を入れて2カ所に
おき、全体にラップをふんわりかける。オーブンの発
酵機能を使い、35～40℃で40～50分発酵させる。

4 オーブンから取り出し、ひと回り大きくなっていたら
二次発酵完了。オーブンに天板を入れて250℃に予熱
する。生地にオリーブオイル大さじ1ずつをかけ、指
で8～9カ所くぼみを作る（**a**）。表面にトッピング用
の玉ねぎと桜えびを半量ずつちらし、オリーブオイル
大さじ1ずつを回しかけ、こしょうをふり（**b**）、霧
吹きで水をかける。

5 天板を取り出して生地をのせ、予熱したオーブンを
230℃に下げて15分焼き、オーブンペーパーのねじっ
た部分を開き（やけどに注意する）、全体に焼き色が
つくまでさらに5分焼く。

れんこんとイタリアンパセリ

トッピングはパリッと焼け、れんこんチップのように軽く、
イタリアンパセリの香りもよく合います。
中はシャキシャキとしたれんこんの食感の違いが楽しめます。

材料（約15×14cmの楕円形のもの2個分）

一次発酵させた基本のパリッとパンの生地
（p.66〜68の**4**まで行なったもの）
　　──全量（約550g）

れんこん──100g
イタリアンパセリ
　　──約1/3パック（5g）
オリーブオイル──大さじ4
塩──適量
粗挽き黒こしょう──少々

下準備

・オーブンペーパーを35〜40cm長さに2枚
　切る。
・イタリアンパセリの葉8枚をトッピング用
　に取り分ける。

1 れんこんは皮つきのまま縦半分に切り、トッピング用に3〜4mm厚さの半月切りを10枚作って取り分け、残りはいちょう切りにする。水にさらし、ペーパータオルで水けを拭く。トッピング用を除いたイタリアンパセリはみじん切りにする。

2 一次発酵させた基本のパリッとパンの生地と台に打ち粉をし、生地を台にのせる。自然に広がった生地の上に生地用の**1**の半量を広げてのせ、カードに粉をつけ、三つ折りにする（p.75の**a**参照）。生地を90度回転させ、軽く押さえて広げ、残りの生地用の**1**を広げてのせ、同様に三つ折りにする（p.75の**b**参照）。

3 カードに粉をつけ、2等分に切る。手に粉をつけ、カードで生地を裏返し、四隅（角）を下に押し込むようにして丸く形を整える。

4 オーブンペーパーの中央にのせる。オーブンペーパーの上下の辺を外側に3cm折り、手前と奥の角をそれぞれ合わせてねじり、生地をふんわり包むようにする。天板にのせ、耐熱カップにぬるま湯を入れて2カ所におき、全体にラップをふんわりかける。オーブンの発酵機能を使い、35〜40℃で40〜50分発酵させる。

5 オーブンから取り出し、ひと回り大きくなっていたら二次発酵完了。オーブンに天板を入れて250℃に予熱する。生地にオリーブオイル大さじ1ずつをかけ、指で8〜9カ所くぼみを作る（p.81の**a**参照）。表面にトッピング用のれんこんとイタリアンパセリの葉を半量ずつ広げてのせ、さらにオリーブオイル大さじ1ずつを回しかけ、塩ふたつまみずつと、こしょうをふる（**a**）。霧吹きで水をかける。

6 天板を取り出して生地をのせ、予熱したオーブンを230℃に下げて15分焼き、オーブンペーパーのねじった部分を開き（やけどに注意する）、全体に焼き色がつくまでさらに5分焼く。

a

ドライフィグとブルーチーズ

ドライフィグは赤ワインをなじませることで、香りもよく、食感も柔らかくなります。
厚手の鍋で焼くとふんわりと高さが出て、表面全体がパリッと香ばしく焼き上がります。

材料（直径20cmの厚手の鍋1個分）

一次発酵させた基本のパリッとパンの生地
（p.66〜68の**4**まで行なったもの）
　　……全量（約550g）

ドライフィグ（乾燥いちじく）……160g
ブルーチーズ……60g
赤ワイン……大さじ2

下準備
・オーブンペーパーを35〜40cm長さに切り、
　切り込みを入れる（p.73の**7〜10**参照）。

※厚手の鍋を使わずに、オーブンペーパーの型でも焼
けます。基本のパリッとパン（p.70〜72の**7〜12**）
と同様に作ってください。

1 ドライフィグは粗く刻んで耐熱容器に入れ、赤ワイン
を注ぐ。ラップをふんわりかけ、電子レンジで30秒
加熱する。ブルーチーズは2cm角に切る（**a**）。

2 一次発酵させた基本のパリッとパンの生地と台に打ち
粉をし、生地を台にのせる。自然に広がった生地の上
に**1**の半量をちらす。カードに粉をつけ、三つ折りに
する（p.75の**a**参照）。生地を90度回転させ、軽く押
さえて広げ、残りの**1**をちらし（**b**）、同様に三つ折り
にする（p.75の**b**参照）。

3 カードと手に粉をつけ、カードで生地を裏返し、四隅
（角）を下に押し込むようにして丸く形を整える。

4 基本のパリッとパン・厚手の鍋で焼く場合（p.73参照）
と同様にオーブンペーパーの中央に**3**をのせる。オー
ブンペーパーごとふたつきボウルに移し、天板にのせ、
耐熱カップにぬるま湯を入れて2カ所におき、全体に
ラップをふんわりかける。オーブンの発酵機能を使い、
35〜40℃で40〜50分発酵させる。

5 オーブンから取り出し、ひと回り大きくなっていたら
二次発酵完了。天板にふたをした鍋をのせてオーブン
に入れ、250℃に予熱する。生地に準強力粉適量をふ
り、クープを十字に入れる。霧吹きで水をかける。

6 鍋を天板ごと取り出し、**5**をオーブンペーパーごと入
れてふたをする（やけどに注意する）。予熱したオー
ブンを230℃に下げ、20分焼く。一旦取り出してふ
たをはずし、全体に焼き色がつくまでさらに20分焼
く（途中様子を見て、チーズが焦げそうな場合は200
℃に下げて焼く）。

枝豆とチェダーチーズ

カレー粉の風味がほんのり口に広がり、
たっぷり入った枝豆とチーズが食欲をそそります。
チーズはチェダーチーズに限らず、お好みのものでOK。

材料（約15×14cmの楕円形のもの2個分）

一次発酵させた基本のパリッとパンの生地
（p.66～68の**4**まで行なったもの）
……全量（約550g）

枝豆（さやつき）……200g（正味100g）
チェダーチーズ……100g
カレー粉……小さじ1

下準備
・ 枝豆はゆでてさやをむく（**a**、または冷凍
　のむき枝豆を使用してもOK）。
・ チェダーチーズは7mm角に切る（**a**）。
・ オーブンペーパーを35～40cm長さに2枚
　切る。

1 一次発酵させた基本のパリッとパンの生地と台に打ち
粉をし、生地を台にのせる。自然に広がった生地の上
に枝豆とチーズの各半量をちらし、半量のカレー粉を
ふる。カードに粉をつけ、三つ折りにする（p.75の**a**
参照）。生地を90度回転させ、軽く押さえて広げ、残
りの枝豆とチーズをちらし、残りのカレー粉をふって
同様に三つ折りにする（p.75の**b**参照）。

2 カードに粉をつけ、2等分に切る。手に粉をつけ、カ
ードで生地を裏返し、四隅（角）を下に押し込むよう
にして丸く形を整える。

3 オーブンペーパーの中央にのせる。オーブンペーパー
の上下の辺を外側に3cm折り、手前と奥の角をそれぞ
れ合わせてねじり、生地をふんわり包むようにする。
天板にのせ、耐熱カップにぬるま湯を入れて2カ所に
おき、全体にラップをふんわりかける。オーブンの発
酵機能を使い、35～40℃で40～50分発酵させる。

4 オーブンから取り出し、ひと回り大きくなっていたら
二次発酵完了。オーブンに天板を入れて250℃に予熱
する。表面に準強力粉適量をふり、クープを1本入れ、
霧吹きで水をかける。

5 天板を取り出して生地をのせ、予熱したオーブンを
230℃に下げて15分焼き、オーブンペーパーのねじっ
た部分を開き（やけどに注意する）、全体に焼き色がつ
くまでさらに5分焼く。

青のりとしらす

粉と一緒に青のりを混ぜるから、パン全体に青のりの風味が感じられます。
生地の中とトッピングにちらした、しらすの塩けもきいています。

材料（約15×14cmの楕円形のもの2個分）

生地
準強力粉（リスドォル）……300g
青のり……3g
塩……5g

A ┌ ぬるま湯……10mℓ
　│ インスタントドライイースト
　│ 　（サフ社の「赤」）……1g
　└ きび砂糖……3g
水……230mℓ

しらす干し……50g
オリーブオイル……大さじ2

下準備

・準強力粉、青のり、塩をボウルに入れ、泡
　立て器で混ぜる（**a**）。
・オーブンペーパーを35〜40cm長さに2枚
　切る。

1 基本のパリッとパン（p.67〜68の**1**〜**4**参照）の**1**と
同様に**A**の材料を溶かし、水を加え、**2**で下準備で合
わせた粉類を加えて混ぜる。あとは同様に生地を作っ
て室温に1時間（冬は1時間30分）ほどおいて、冷蔵
室に10〜24時間おき、一次発酵させる（夏に冷蔵室
に16〜24時間おく場合は、室温におかず、すぐに冷
蔵室に入れるとよい）。

2 生地と台に打ち粉をし、生地を台にのせる。自然に広
がった生地の上に、しらす20gをちらす。カードに粉
をつけ、三つ折りにする（p.75の**a**参照）。生地を90
度回転させ、軽く押さえて広げ、しらす20gをちらし、
同様に三つ折りにする（p.75の**b**参照）。

3 カードに粉をつけ、2等分に切る。手に粉をつけ、カー
ドで生地を裏返し、四隅（角）を下に押し込むよう
にして丸く形を整える。

4 オーブンペーパーの中央にのせる。オーブンペーパー
の上下の辺を外側に3cm折り、手前と奥の角をそれぞ
れ合わせてねじり、生地をふんわり包むようにする。
天板にのせ、耐熱カップにぬるま湯を入れて2カ所に
おき、全体にラップをふんわりかける。オーブンの発
酵機能を使い、35〜40℃で40〜50分発酵させる。

5 オーブンから取り出し、ひと回り大きくなっていたら
二次発酵完了。オーブンに天板を入れて250℃に予熱
する。しらすを5gずつちらし、オリーブオイルを大
さじ1ずつ回しかけ、クープを1本入れる。霧吹きで
水をかける。

6 天板を取り出して生地をのせ、予熱したオーブンを
230℃に下げて15分焼き、オーブンペーパーのねじっ
た部分を開き（やけどに注意する）、全体に焼き色が
つくまでさらに5分焼く（**b**）。

全粒粉はちみつ

準強力粉に全粒粉を混ぜた素朴な味わいのパンです。
全粒粉と相性のよいはちみつを風味づけに加えることで
パサつかずしっとりとしたパンになります。

材料（直径20cmの厚手の鍋1個分）

生地
準強力粉（リスドォル）……240g
全粒粉……60g
塩……5g

A ┌ ぬるま湯……10mℓ
　│ インスタントドライイースト
　│ （サフ社の「赤」）……1g
　└ きび砂糖……3g
はちみつ……15g
水……230mℓ

下準備

・準強力粉、全粒粉、塩をボウルに入れ、泡
　立て器で混ぜる。
・オーブンペーパーを35～40cm長さに切り、
　切り込みを入れる（p.73の**7～10**参照）。

※厚手の鍋を使わずに、オーブンペーパーの型でも焼け
ます。基本のパリッとパン（p.70～72の**7～12**）と同様
に作ってください。

1 基本のパリッとパン（p.67～68の**1**～**4**参照）の**1**で
Aの材料を溶かし、水とはちみつを加えて混ぜる。**2**
で下準備で合わせた粉類を加えて混ぜる。あとは同様
に生地を作って室温に1時間（冬は1時間30分）ほど
おいて、冷蔵室に10～24時間おき、一次発酵させる
（夏に冷蔵室に16～24時間おく場合は、室温におか
ず、すぐに冷蔵室に入れるとよい）。

2 生地と台に打ち粉をし、生地を台にのせる。カードに
粉をつけ、左右、上下の順に生地を折りたたむ。手に
粉をつけ、カードで生地を裏返し、四隅（角）を下に
押し込むようにして丸く形を整える。

3 基本のパリッとパン・厚手の鍋で焼く場合（p.73参照）
と同様にオーブンペーパーの中央に**2**をのせる。オー
ブンペーパーごとふたつきボウルに移し、天板にのせ、
耐熱カップにぬるま湯を入れて2カ所におき、全体に
ラップをふんわりかける。オーブンの発酵機能を使い、
35～40℃で40～50分発酵させる。

4 オーブンから取り出し、ひと回り大きくなっていたら
二次発酵完了。天板にふたをした鍋をのせてオーブン
に入れ、250℃に予熱する。生地に準強力粉適量をふ
り、クープを十字に入れ、霧吹きで水をかける。

5 鍋を天板ごと取り出し、**4**をオーブンペーパーごと入
れてふたをする（やけどに注意する）。予熱したオーブ
ンを230℃に下げ、20分焼く。一旦取り出してふたを
はずし、全体に焼き色がつくまでさらに20分焼く。

全粒粉
表皮や胚芽を除いて製粉する薄力粉や
強力粉と違い、小麦の粒を丸ごと挽い
ているから、色が茶褐色で風味も豊か。

オートミールメープル

生地に加えるオートミールは、水分をたっぷり含ませてもちもちとした食感に。
メープルシロップのやさしい甘みとオートミールの独特のコクがおいしいパンです。
トッピングのオートミールは、霧吹きをしないと焦げるので忘れずに。

材料（直径20cmの厚手の鍋1個分）

生地

準強力粉（リスドォル）……200g

A┌ ぬるま湯……10㎖
　│ インスタントドライイースト
　│ 　（サフ社の「赤」）……1g
　└ きび砂糖……3g

B┌ オートミール（ロールドオーツ）……45g
　│ メープルシロップ……45g
　│ 塩……3g
　└ ぬるま湯……150㎖

［トッピング］
│ オートミール（ロールドオーツ）……30g

下準備

・ ボウルにBの材料を入れて混ぜ、30分ほど
　おいてふやかす（**a**）。
・ オーブンペーパーを35～40cm長さに切り、
　切り込みを入れる（p.73の**7～10**参照）。

※厚手の鍋を使わずに、オーブンペーパーの型でも焼け
ます。基本のパリッとパン（p.70～72の**7～12**）と同
様に作ってください。

1 基本のパリッとパン（p.67～68の**1**～**4**参照）の**1**で
Aの材料を溶かし、ふやかしたBを一緒に加えて混ぜ
る。あとは同様に生地を作って室温に1時間（冬は1
時間30分）ほどおいて、冷蔵室に10～24時間おき、
一次発酵させる（夏に冷蔵室に16～24時間おく場合
は室温におかず、すぐに冷蔵室に入れるとよい）。

2 生地と台に打ち粉をし、生地を台にのせる。カードに
粉をつけ、左右、上下の順に生地を折りたたむ。手に
粉をつけ、カードで生地を裏返し、四隅（角）を下に
押し込むようにして丸く形を整える。

3 基本のパリッとパン・厚手の鍋で焼く場合（p.73参照）
と同様にオーブンペーパーの中央に**2**をのせる。オー
ブンペーパーごとふたつきボウルに移し、天板にのせ、
耐熱カップにぬるま湯を入れて2カ所におき、全体に
ラップをふんわりかける。オーブンの発酵機能を使い、
35～40℃で40～50分発酵させる。

4 オーブンから取り出し、ひと回り大きくなっていたら
二次発酵完了。天板にふたをした鍋をのせてオーブン
に入れ、250℃に予熱する。生地に霧吹きで水をかけ、
トッピング用のオートミールをちらす。さらに霧吹き
で水をかけ（**b**）、クープを1本入れる。

5 鍋を天板ごと取り出し、**4**をオーブンペーパーごと入
れてふたをする（やけどに注意する）。予熱したオー
ブンを230℃に下げ、20分焼く。一旦取り出してふ
たをはずし、全体に焼き色がつくまでさらに20分焼
く（表面が焦げそうな場合は、残り5分を210℃に下
げて焼く）。

オートミール

オーツ麦を潰して加工
したシリアル。このパ
ンの生地に入れたもの
のように水分を含ませ
るとおかゆのような食
感に、トッピングのよう
に焼くと香ばしくなる。

トッピングのオートミ
ールは焦げやすいため、
必ず最後にもう一度霧
吹きで水をかけること。

トマトとオリーブ

水の代わりに加えたトマトジュースの赤い色がパンに出ます。
ドライトマトの酸味とオリーブの塩けが絶妙です。

材料（約15×14cmの楕円形のもの2個分）

生地
準強力粉（リスドォル）——300g
塩——5g
A ┌ ぬるま湯——10mℓ
　│ インスタントドライイースト
　│ （サフ社の「赤」）——1g
　└ きび砂糖——3g
トマトジュース（食塩不使用）——230mℓ

ドライトマト——30g
黒オリーブ（種なし）——60g
オリーブオイル——小さじ2

［トッピング］
│ タイム——4枝

下準備
・オーブンペーパーを35〜40cm長さに2枚
切る。

トマトジュース
食塩不使用の、トマト100％のものを。
ジュースの色がパンに出るため、濃い色
のものを選ぶと仕上がりがきれいに。

a

1 基本のパリッとパン（p.67〜68の**1**〜**4**参照）の**1**で
Aの材料を溶かし、水の代わりにトマトジュースを加
えて混ぜる。あとは同様に生地を作って室温に1時間
（冬は1時間30分）おいて、冷蔵室に10〜24時間お
き、一次発酵させる（夏に冷蔵室に16〜24時間おく
場合は、室温におかず、すぐに冷蔵室に入れるとよい）。

2 耐熱容器にドライトマトを入れ、熱湯をかけて5分お
く。ざるにあけ、粗みじん切りにする。黒オリーブは
3mm厚さの輪切りにし、トッピング用に14〜16枚取
り分ける。

3 生地と台に打ち粉をし、生地を台にのせる。自然に広
がった生地の上に**2**の半量をちらす。カードに粉をつ
け、三つ折りにする（p.75の**a**参照）。生地を90度回
転させ、軽く押さえて広げ、残りの**2**をちらし、同様
に三つ折りにする（p.75の**b**参照）。

4 カードに粉をつけ、2等分に切る。手に粉をつけ、カ
ードで生地を裏返し、四隅（角）を下に押し込むよう
にして丸く形を整える。

5 オーブンペーパーの中央にのせる。オーブンペーパー
の上下の辺を外側に3cm折り、手前と奥の角をそれぞ
れ合わせてねじり、生地を包むようにする。天板にの
せ、耐熱カップにぬるま湯を入れて2カ所におき、全
体にラップをふんわりかける。オーブンの発酵機能を
使い、35〜40℃で40〜50分発酵させる。

6 オーブンから取り出し、ひと回り大きくなっていたら
二次発酵完了。オーブンに天板を入れて250℃に予熱
する。生地にオリーブオイル小さじ$\frac{1}{2}$ずつをかけ、
トッピング用のオリーブを半量ずつちらし、タイムを2
枝ずつのせる（**a**）。オリーブオイル小さじ$\frac{1}{2}$ずつを
かけ、クープを1本入れ、霧吹きで水をかける。天板
を取り出して生地をのせ、予熱したオーブンを230℃
に下げて10分焼く。200℃に下げてさらに5分焼き、
オーブンペーパーのねじった部分を開いて（やけどに
注意する）、全体に焼き色がつくまで5分焼く。

味噌マーブルくるみ

基本の生地と味噌生地を別々に一次発酵させ、重ねて折りたたんでマーブル状に。
ときおり感じる味噌の塩けにくるみの香ばしさがよく合います。

材料（約15×14cmの楕円形のもの2個分）

生地
準強力粉（リスドォル）……300g
塩……1g

A ┌ ぬるま湯……10mℓ
　│ インスタントドライイースト
　│ 　（サフ社の「赤」）……1g
　└ きび砂糖……3g
水……230mℓ

赤味噌（八丁味噌など）……30g
くるみ（ロースト、食塩不使用）……60g

下準備
・くるみは大きなものは手で割る。
・オーブンペーパーを35〜40cm長さに2枚
　切る。

a

b

1 基本のパリッとパン（p.67〜68の**1**〜**4**参照）の**1**〜**2**と同様にする。生地がまとまったら、別のボウルに100gを取り分け、味噌を加えて混ぜる。それぞれのボウルにふたをし、室温に1時間（冬は1時間30分）ほどおいて、冷蔵室に10〜24時間おき、一次発酵させる（夏に冷蔵室に16〜24時間おく場合は、室温におかず、すぐに冷蔵室に入れるとよい）。

2 基本の生地が2倍くらいにふくらんでいたら一次発酵完了（**a**、味噌生地はふくらみが悪いので、基本の生地を目安にする）。台とそれぞれの生地に打ち粉をし、生地を台にのせる。カードに粉をつけ、味噌生地を4等分に切り分ける。自然に広がった基本の生地の上に、くるみの半量をちらし、味噌生地を2カ所に1/4量ずつのせる（**b**）。カードに粉をつけ、三つ折りにする（p.75の**a**参照）。生地を90度回転させ、軽く押さえて広げ、残りのくるみをちらし、残りの味噌生地を2カ所にのせて同様に三つ折りにする（p.75の**b**参照）。

3 カードに粉をつけ、2等分に切る。手に粉をつけ、カードで生地を裏返し、四隅（角）を下に押し込むようにして丸く形を整える。

4 オーブンペーパーの中央にのせる。オーブンペーパーの上下の辺を外側に3cm折り、手前と奥の角をそれぞれ合わせてねじり、生地をふんわり包むようにする。天板にのせ、耐熱カップにぬるま湯を入れて2カ所におき、全体にラップをふんわりかける。オーブンの発酵機能を使い、35〜40℃で40〜50分発酵させる。

5 オーブンから取り出し、ひと回り大きくなっていたら二次発酵完了。オーブンに天板を入れて250℃に予熱する。生地に準強力粉適量をふり、クープを1本入れて霧吹きで水をかける。天板を取り出して生地をのせ、予熱したオーブンを230℃に下げて15分焼く。オーブンペーパーのねじった部分を開き（やけどに注意する）、全体に焼き色がつくまでさらに5分焼く。

基本は混ぜるだけでOK。
手軽にできて
本格的な味わいの
3種のディップです。

フムス

わさびクリーム

わさびクリーム

材料（作りやすい分量）
サワークリーム　90g
練りわさび　小さじ2
塩　適量

作り方
器にすべての材料を入れてよく混ぜる。

コンビーフのペースト

フムス

材料（作りやすい分量）
ひよこ豆の水煮（市販品）　100g
ヨーグルト（無糖）　大さじ1½
白練りごま　大さじ1
オリーブオイル　大さじ1
レモン汁　小さじ½
塩　小さじ¼
クミンシード　小さじ¼
コリアンダーシード　小さじ¼
おろしにんにく　少々

作り方
フードプロセッサーにすべての材料を入れ、
なめらかになるまで攪拌する。皿に盛り、好
みでオリーブオイルを回しかける。

コンビーフのペースト

材料（作りやすい分量）
コンビーフ缶──1缶（80g）
マスカルポーネチーズ──50g
ケッパーのみじん切り──小さじ1
ピクルスのみじん切り──5g
ミントのみじん切り──少々
こしょう──少々
飾り用のミント──適量

作り方
ボウルに飾り用のミント以外の材料を入れ、
よく混ぜ合わせる。器に盛り、ミントを飾る。

かぶのマリネ

パンと合わせる
夕食
パンをひたしてもおいしい
フランスの家庭料理・
フリカッセに、かぶのマリネを
合わせてさっぱりと。

鶏肉とマッシュルームの フリカッセ

材料（2〜3人分）

鶏もも肉……2枚（500g）
ブラウンマッシュルームの薄切り……150g
ひらたけ（または好みのきのこ）……150g
にんにく……1かけ
オリーブオイル……小さじ1/2
白ワイン……70㎖
生クリーム……200㎖
塩……小さじ1弱
イタリアンパセリの葉……適量
粗挽き黒こしょう……適量

かぶのマリネ

材料（2人分）

かぶ（好みで何種類かあってもよい）
　　……合わせて300g
セロリ……1本
［マリネ液］
　オリーブオイル……100㎖
　白ワインビネガー……30㎖
　レモン汁……大さじ1
　砂糖……小さじ2
　塩……小さじ1
　あればコリアンダーシード……小さじ1/2
ベビーリーフ……適量

1 ひらたけはほぐす。にんにくは包丁の腹で潰す。鶏肉は4〜5㎝四方に切る。

2 フライパンにオリーブオイルを入れて中火にかけ、鶏肉を皮目を下にして入れ、強火にしてこんがりと焼く。ペーパータオルでフライパンの脂を拭き取り、きのことにんにくを加えて塩をふって炒める。きのこがしんなりとしたら、白ワインを加えて沸騰させ、火を弱めてふたをし、5分蒸し煮にする。

1 かぶは皮つきのまま、食べやすい大きさのくし形切りやいちょう切りにする。セロリは1㎝幅に切る。

2 鍋にマリネ液の材料を入れて中火にかけ、沸騰したら**1**を加えて1分煮る。火を止め、そのままおいて冷ます。器に盛り、ベビーリーフをのせる。

3 生クリームを加え、とろみが出るまでさらに3〜4分煮る。器に盛り、イタリアンパセリの葉をちらし、こしょうをふる。

鶏肉とマッシュルームの
フリカッセ

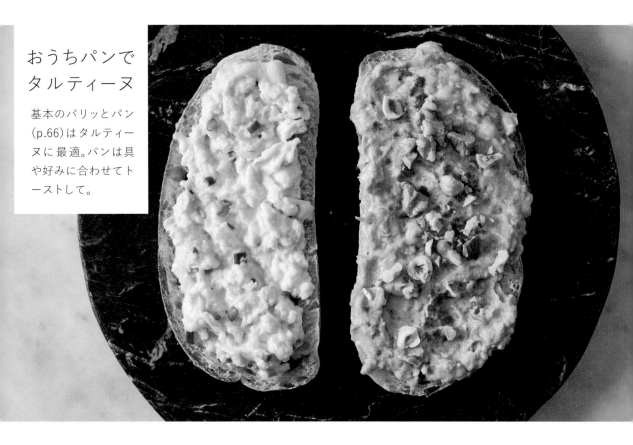

おうちパンでタルティーヌ

基本のパリッとパン（p.66）はタルティーヌに最適。パンは具や好みに合わせてトーストして。

スクランブルエッグ

卵に生クリームを加えてふんわりと仕上げます。シブレットは好みのハーブに変えてOK。

材料（2枚分）
卵……2個
生クリーム（または牛乳）……大さじ4
塩、こしょう……各適量
シブレット（または万能ねぎ）の小口切り
　……小さじ1
バター……大さじ1
基本のパリッとパンの薄切り……2枚

1　ボウルに卵を割り入れ、白身を切るようにフォークで混ぜる。生クリーム、塩、こしょう、シブレットを加えて混ぜる。

2　フライパンにバターを入れて中火にかけ、バターが全部溶けたら、1を流し入れる。菜箸でかき混ぜながら火を通し、半熟になったら取り出してパンに半量ずつ広げてのせる。

アボカドとナッツ

アボカドを潰して塩を混ぜるだけの簡単ディップ。パンはトーストしたものもよく合います。

材料（2枚分）
アボカド……1個
塩……少々
ミックスナッツ……小さじ2
チリパウダー（またはカイエンペッパー）……少々
基本のパリッとパンの薄切り……2枚

1　アボカドは粗く刻んで、器に入れてフォークなどで潰し、塩を加えて混ぜる。

2　パンに1を半量ずつ塗り、ナッツを粗く刻んで半量ずつちらし、チリパウダーをふる。好みでオリーブオイルを回しかける。

カスクルート

カスクルートはバゲットを使った
フランスのサンドイッチ。
有塩バターを厚めにたっぷり塗るのがポイントです。

材料（2枚分）
ももハム（またはロースハム）……2枚
ピクルス（ここではコルニッション）……2本
バター（室温に戻したもの）……大さじ3
粗挽き黒こしょう……少々
基本のパリッとパンの薄切り……2枚

1　ハムは大きい場合は半分に切る。ピクルスは縦
　　半分に切る。

2　パンにバターを等分に塗り、ハム1枚とピクル
　　ス2切れずつをのせ、こしょうをふる。

サーモンとクリームチーズ

クリームチーズとスモークサーモン、
ディルは間違いのない組み合わせ。
ピンクペッパーをアクセントに。

材料（2枚分）
スモークサーモン……4〜6枚
クリームチーズ（室温に戻したもの）……大さじ4
ディル……少々
ピンクペッパー……少々
基本のパリッとパンの薄切り……2枚

パンにクリームチーズを等分に塗り、スモークサー
モン2〜3枚ずつを並べてのせ、ディルとピンクペ
ッパーをのせる。

白身魚のマリネ

淡白な白身魚の刺身にしば漬けの塩味と
ほんのり香るナンプラーがよく合います。

材料（2枚分）

白身魚の刺身（薄切り、ここでは真鯛）
　──80g
すだち──1個
A ┌ しば漬けのみじん切り──小さじ2
　│ オリーブオイル──小さじ2
　└ ナンプラー──小さじ1/2
きゅうりの薄い輪切り──16枚
ブロッコリースプラウト──適量
基本のパリッとパンの薄切り（トースト）──2枚

1 すだちは果汁をボウルに搾り（皮は取りおく）、
　　Aの材料を加えて混ぜ、刺身を加えてあえる。

2 パンにきゅうりを8枚ずつ並べて、**1**を半量ず
　　つとブロッコリースプラウトをのせ、すだちの
　　皮少々をすりおろしてちらす。

たことバジル

たことバジルはワインによく合います。
一口大にカットしてピンチョスにしても。

材料（2枚分）

A ┌ ゆでだこの足（1cm角に切ったもの）──100g
　│ バジルの葉の粗みじん切り──3g
　│ 松の実（ロースト）──小さじ1/2
　│ オリーブオイル──大さじ1
　│ おろしにんにく──少々
　└ 塩──少々
フルーツトマト（またはミディトマト）──横1/2個
飾り用のバジルの葉──4枚
基本のパリッとパンの薄切り（トースト）──2枚

1 ボウルに**A**の材料を入れてあえる。トマトは4
　　〜5mm厚さの輪切りを6枚作る。

2 パンにトマトを3枚ずつ並べ、**1**の**A**と飾り用の
　　バジルの葉を半量ずつのせる。

ローストビーフ

ローストビーフの味を引き立てる
わさびクリームがポイントです。

材料（2枚分）

ローストビーフ（市販品）──4枚（40g）

わさびクリーム（p.98参照）──大さじ3

ラディッシュの薄切り──小2個分

マッシュルームの薄切り──小2個分

ルッコラ──適量

オリーブオイル──適量

粗挽き黒こしょう──少々

基本のパリッとパンの薄切り（トースト）──2枚

パンにわさびクリームを等分に塗り、ラディッシュとマッシュルームを半量ずつ並べる。ローストビーフを2枚ずつのせ、ルッコラを飾る。オリーブオイルを回しかけ、こしょうをふる。

生ハムと紫キャベツのラペ

紫キャベツのラペとバターはたっぷりと。
ラペのレーズンの甘みがよいアクセントに。

材料（2枚分）

生ハム──2〜3枚

[紫キャベツのラペ]

　紫キャベツのせん切り（酢少々を入れた湯でさっとゆでて水けを絞ったもの）──80g

　レーズン──10g

　A［オリーブオイル──大さじ1/2
　　白ワインビネガー──小さじ1
　　はちみつ──小さじ1/2　塩──ひとつまみ

バター（室温に戻したもの）──大さじ2

粗挽き黒こしょう──少々

基本のパリッとパンの薄切り（トースト）──2枚

1 紫キャベツのラペを作る。ボウルに**A**の材料を混ぜ、紫キャベツとレーズンを加えてあえる。

2 パンにバターを厚めに塗り、**1**を半量ずつ広げ、生ハムを半量ずつのせ、こしょうをふる。

パンを最後までおいしく食べるアイディア

冷凍するほどではないけれど、少しだけ残ってしまったパン……。
そのままリベイクして食べるだけでなく、
別の料理にアレンジすると、違ったおいしさを発見できます。

ふわふわパンを使ったドーナツ

中に熱が通っているため、ちぎったパンを油でさっと揚げ焼きにして、砂糖をまぶすだけ。
基本のふわふわパン（p.12）はもちろん、あんパン（p.28）、コーヒー黒糖（p.46）がおすすめです。
かたくなったパンの方が吸油率が低いので、パンが残った時にぴったり。

材料（作りやすい分量）
基本のふわふわパン……適量
揚げ油……適量
グラニュー糖……適量

1 ちぎりパンは、かたまりごと（または大きめ）にちぎる。あんパンの場合は焦げやすい桜の塩漬けをはずす。

2 フライパンに揚げ油を1cmほどの深さに入れて中温（170℃）に熱し、パンを入れて菜箸で転がしながら、揚げ焼きにする。表面の色が変わったら取り出し、油をきる。温かいうちにグラニュー糖をまぶす。

パリッとパンを使ったパンツァネッラ

かたくなったパンをおいしく食べるために、
イタリアのトスカーナ地方で作られてきたパン入りサラダ。
基本のパリッとパン（p.66）で作るのが一番のおすすめです。

材料（2人分）
基本のパリッとパンの薄切り──2枚（50g）
紫玉ねぎの薄切り──30g
きゅうり──1本
トマトの乱切り──1個分
塩──適量
赤ワインビネガー（または白ワインビネガー）
　　──大さじ1 1/2
オリーブオイル──大さじ4
バジル──少々

1 ボウルに紫玉ねぎを入れ、塩少々、赤ワイン
ビネガー小さじ1（分量外）を加えてしばら
くおく。パンがカチカチにかたくなっていた
ら、水をかけて絞る。

2 きゅうりはところどころ皮をむき、乱切りに
する。別のボウルにトマトときゅうりを入れ、
塩少々をふる。赤ワインビネガーを加えてさ
っと混ぜ、パンを一口大にちぎって加え、あ
える。1の紫玉ねぎを加えて器に盛り、オリ
ーブオイルを回しかけ、バジルをちらす。

パン作りに関する Q&A

「何度作っても同じようにできない」
「これって失敗？」という素朴な疑問から、
手作りパンをおいしくするヒントまで、パン作りにまつわるあれこれを解決します。

Q オーブンに発酵機能がありません。
一次発酵のように二次発酵も
室温でできますか？

A パンの発酵は室温でもできます。時間の目安はふわふわパンが夏は40分〜1時間程度、冬は1時間〜1時間30分程度、パリッとパンが夏は1時間程度、冬は1時間30分程度です。ただし、時間だけで判断せず、発酵状態は生地のふくらみ具合で判断してください。これはオーブンの発酵機能を使う場合も同様です。

Q パリッとパンのクープは
必ず入れないといけないのでしょうか？
クープナイフがない場合は
どうしたらよいですか？

A パリッとパンの生地は油脂分を含んでいないため、生地ののびが悪く、そのまま焼くと生地が裂けてしまいます。それを防ぐ役割がクープ（切り目）です。クープナイフがなくても、よく切れる包丁や、かみそり、キッチンばさみなどで代用することもできます。

Q 生地を一次発酵させるため冷蔵室に入れたまま、24時間以上たってしまいました。
この生地はもう使えませんか？
また、発酵時間は24時間以内でも
過発酵になった生地はどうしたらいいですか？

A 24時間は目安ですが、生地の状態を確認してみてください（p.15の5、p.68の4参照）。発酵が進み過ぎた場合は、焼いても発酵臭がしたり、酸味が出たり、十分ふくらまず、おいしいパンにはなりません。予定通りのパンにするのはあきらめて、ふわふわパンの生地なら一口サイズにカットして油で揚げ、砂糖をまぶしてドーナツに。パリッとパンの生地なら薄くのばして具をたっぷりのせてピザにすれば、おいしく食べられます。

Q ボウルに
ふたがないのですが
ラップでもいいですか？

A ラップでももちろんよいのです
が、おすすめは生地の状態を見ながら
くり返し使える透明なシャワーキャッ
プです。数枚入ったものが100円ショ
ップなどで手に入るので、ぜひ試して
みてください。

Q 一次発酵させたふわふわパンの生地が
ベタついてまとまりません。
何かコツはありますか？

A 分割に時間がかかって、生地がゆるくなっ
ていませんか？　そんな時はもう一度冷蔵室に戻
してください。生地に入ったバターなどの油脂が
冷えて固まると、生地のベタつきがおさまり、ま
とめやすくなります。生地がベタつくと、まとめ
るのがやっと、という状態になり、台に押しつけ
るように丸める作業（p.16の7）ができず、う
まくふくらまないこともあるので注意して。

台と生地、手にも打ち粉をたっぷりとふるのも効
果的です。それでもベタベタする時は、水分が多
かったのかもしれません。季節や湿度によっても
生地の状態が変わるので、次回からは生地を作る
時に、水分量（牛乳など）を調整して混ぜてみて
ください。

生地の状態による成形の違い。左は表面に張りがあり、高さ
も出ている成形例。右は表面になめらかさがなく、平らにの
びてしまった失敗例。

Q 成形した生地が1枚の天板に
のりきらない場合は
どうしたらいいですか？

A ふわふわパンは成形のサイズによって、1
枚の天板にのりきらない場合があります。天板2
枚で焼く場合は、ムラなく焼き色がつくように、
焼き時間の半分を目安に天板の上下と前後を入れ
替えてください。天板1枚で焼く場合は、半量を
天板の幅に近いサイズのまな板などにのせ、二次
発酵までは同時に進めてください。天板にのせた
分を先に焼いている間、残りは冷蔵室においてお
き（冬は室温でもOK）、そのあと天板に移して
同様に焼いてください。

Q 材料の小麦粉類は記載している銘柄のものを
使わないといけませんか？

A 粉類は同じ挽き方でも銘柄によって風味や
含んでいるたんぱく質量の違いなど、それぞれ個
性があります。同じ銘柄の粉であれば、ふくらみ
方や味わいも同様に再現できるため、初めに試し
てほしいのは記載している銘柄の粉です。違う粉
を使う場合は、パッケージに表示されているたん
ぱく質量が同程度のものを選んでください。

また、この本で紹介した粉で、2つの生地を同じ粉
で作りたい時は、ふわふわパンの粉全量をリスド
ォルにおき換えます。生地がベタつきやすいのと、
ややかたく焼き上がる点に注意してください。

パリッとパンをドルチェとカメリヤで作る場合は、
カメリヤ8に対し、ドルチェ2の割合で、水分量
を調整しながら作ってみてください。

基本の道具

この本で使用した基本の道具を紹介します。選ぶ時の参考にしてください。

電子スケール

水分以外の材料の計量に加え、ふわふわパンでは、生地をカードで切り分ける時にも使用。微量の計量もできる1g単位の電子スケールがおすすめ。

ふたつきボウル

プラスチック製を使用。発酵中は生地がふくらむため、容量は1900mℓ程度のものを。ふたつきが便利だが、ラップなどをかけたり、保存容器で代用しても。

ゴムべらとカード（スケッパー）

ゴムべらは大小2サイズあると便利。カードは軽くて使いやすいプラスチック製のものを。（TCウィズシリコンゴムヘラ（大）（小）、TCP ドレッジ／cotta）

オーブンペーパーとラップ

オーブンペーパーは天板に敷くだけでなく、簡易的な型を作製するのにも使う。ラップは二次発酵時の乾燥を防ぐ時などに。どちらも幅が30cm程度のものを使用。

霧吹き

生地が乾燥しそうな時や、トッピングをつける時、パリッとパンの焼成前、リベイクする時などに使用。100円ショップなどで手に入るものでOK。

刷毛

ふわふわパンのつや出しやオリーブオイルを塗る時などに便利。毛先が柔らかく衛生的に使えるシリコン製を使用。（グレーシリコン刷毛／cotta）

粉糖ふり器、または茶こし

打ち粉や仕上げに粉をふる時に使用。粉を均一にきれいにふるためには、なるべく網目の細かいものを選ぶこと。（TC 粉糖ふり／cotta）

クープナイフ

パリッとパンの仕上げに入れるクープ（切り目）用のナイフ。使いやすい専用のものが1本あると重宝する。（クープナイフ／cotta）

製菓マットとシリコンのマット

生地を台に直接おきたくない時に使用すると便利。シリコンのマットはオーブンでも使えるため、焼成までできる。

基本の材料

2つの生地に使用した基本の材料です。粉類はネットショップや製菓材料店で手に入ります。

薄力粉

お菓子作りに使用される薄力粉「ドルチェ」。強力粉に比べてたんぱく質量が少なく、ふわふわパンの生地では強力粉と合わせて使用。（薄力粉 ドルチェ／cotta）

強力粉

スーパーなどでも手に入る、強力粉「カメリヤ」を使用。たんぱく質量が多く、ふわふわパンの生地では薄力粉とブレンドして使用。（強力粉 カメリヤ／cotta）

準強力粉

パリッとパンに使用したフランスパン用の準強力粉「リスドォル」。バゲットのように外側がパリッと焼き上がる。（フランスパン用準強力粉 リスドォル／cotta）

インスタントドライイースト

パンをふくらませるための材料。「サフ インスタントイースト赤」を使用。3gの個包装タイプなら、ふわふわパンの生地1回分に使いきれて便利。

塩

2つの生地に加えている材料。一番の目的は塩けを加えることだが、生地のこしを出す役割も。旨味も感じられる精製していない「ゲランドの塩・細粒」を使用。

きび砂糖

パン作りでは甘みを加えるだけでなく、保湿効果やイーストの発酵を促す効果もあり、2つの生地の両方に加える。生地には主に、コクのあるきび砂糖を使用。

牛乳

ふわふわパンの水分として加える。ミルキーで風味豊かな生地に仕上がり、焼き色が濃くなるという特徴も。成分無調整のものを使用。

バター（食塩不使用）

ふわふわパンの油分として加えると、生地ののびが良くなり、ボリューム感が出る。味に影響の出ない、食塩不使用のものを使用。

卵

Mサイズ1個（58〜64g）を溶いて、ふわふわパンの生地用（35g）とつや出し用（残りの20gくらい）に分けて使用。

若山 曜子
<small>わかやま ようこ</small>

料理研究家。東京外国語大学フランス語学科卒業
後、パリへ留学。ル・コルドン・ブルーパリ、エコー
ル・フェランディを経て、パティシエ、グラシエ、
ショコラティエ、コンフィズールのフランス国家資
格（C.A.P）を取得。パリのパティスリーやレスト
ランで研鑽を積み、帰国。現在は書籍や雑誌、テ
レビ、オンラインレッスンのほか、企業へのレシ
ピ提供などで幅広く活躍。作りやすいレシピに定
評がある。主な著書に『お弁当サンド』『ひとつ
の生地で気軽に作る フランス仕込みのキッシュと
タルト』（ともに小社刊）がある。
Instagram：@yoochanpetite

ふわふわ生地とパリッと生地の2つで始める
おうちパンはこれでいい

2023年9月28日　初版発行

著者　　　若山 曜子
<small>わかやま ようこ</small>
発行者　　山下 直久
発行　　　株式会社KADOKAWA
　　　　　〒102-8177　東京都千代田区富士見2-13-3
　　　　　電話 0570-002-301（ナビダイヤル）
印刷所　　凸版印刷株式会社
製本所　　凸版印刷株式会社

●お問い合わせ
https://www.kadokawa.co.jp/（「お問い合わせ」へお進みください）
※内容によっては、お答えできない場合があります。
※サポートは日本国内のみとさせていただきます。
※ Japanese text only
定価はカバーに表示してあります。